自然生长

百名85后中国摄影师个案剖析

Analysis of Personal Cases of 100 Chinese Post-85s Photographers from Natural Growth

[第一卷]

崔波 黎光波 主编

Natural Growth

Natural

Photography
Eternal
Moment
Time

EXPLORE

Memory
Life
Recording
Society
Experiment
Self

Independent
Documentary
Creative
Surreal

PIONEER

Tradition
Manual
Vision

自然生长

百名85后中国摄影师
个案剖析

Analysis of Personal Cases of 100 Chinese Post-85s Photographers from Natural Growth

[第一卷]

崔 波　黎光波　主编

自然生長

让 影 像 自 然 发 生

85后中国摄影师摄影计划

这是一群自我表达强烈、视觉呈现个性化的另类摄影人，他们以摄影为主体语言创作实践艺术，他们用视觉传达对当下世界进行解读。

作为这个大的语境下出生的当代中国摄影人，85后是足够幸运的，因为有足够良好的环境让他们自由生长。他们学习成长最重要的时间点恰好处于互联网信息井喷的时代。他们在如此“安逸”的环境中根据自己的爱好、自己的思想、自己想要的方式去看，去听，去发现，去成长。他们一直在无止境地探索自己的位置、自己的可能性、自己的摄影方式。在这个过程中或者现在，他们身上出现了很多不确定性和不稳定性。正因如此，摄影在他们身上多了更多的先锋探索和实验的性质。摄影在他们这里意味着一切回归于自我本身，一切想说的话都能自由地去表达。

这两年他们逐渐成熟，更热衷于去尝试更多的事物。我看到他们的视觉性和立场更别具一格，更多元，更有趣，更自我，还没能纳入到大众审美体系之中。摄影宣告着他们每一个人不同的态度和立场，但反映的却是永恒的时代和社会。

让一切回归自然，让他们的思维回归自由。做更多有趣的事情，让影像自然发生。

故名：自然生长。

This is a group of completely new photographers with strong self-expression and visual characteristics, who use photography as the main language to create practical art and use visual communication to interpret the world.

As contemporary Chinese photographers born in this big context, post-85s are lucky enough to have a very good environment to freely develop. The most important stage for their study and growth is just the era of the blowout of Internet information. In such a "comfortable" environment, they can see, listen, discover and grow in the way they want according to their own hobbies and ideas, having been in the endless exploration of their own position, possibilities and photography style. In this process or now, they have a lot of uncertainty and instability. Because of this, photography embodies the nature of pioneer exploration and experiment in them. For them, photography means everything returns to itself and all they want to say can be expressed pluralistically.

In the last two years they gradually become mature and more keen to try more things. I find their visuality and standpoint more unique, more multivariant, more interesting, more self and have not been in the aesthetic system of the public. This proclaims the different attitudes and standpoints of them. But this is the eternal age and society.

Let everything return to nature, make them think freely. Do more interesting things and make the image naturally.

Hence the group is named： Natural Growth.

自然生长

百名85后中国摄影师个案剖析

Analysis of Personal Cases of 100 Chinese Post-85s Photographers from Natural Growth

摄影师名单

PHOTOGRAPHERS
CONTENTS

社

SOCIETY

会

自

S E L F

我

摄影师名单 Photographers Contents

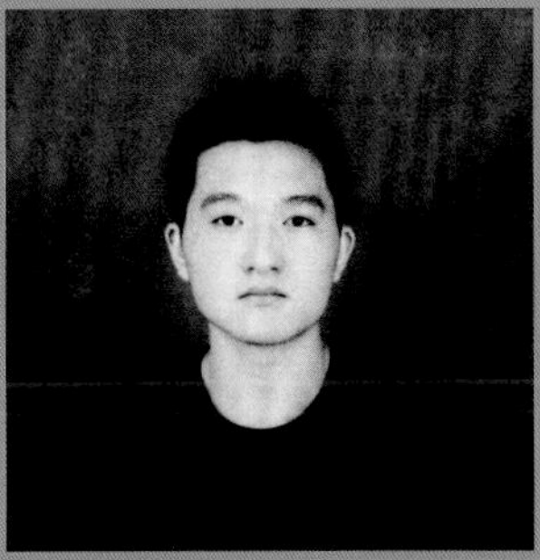

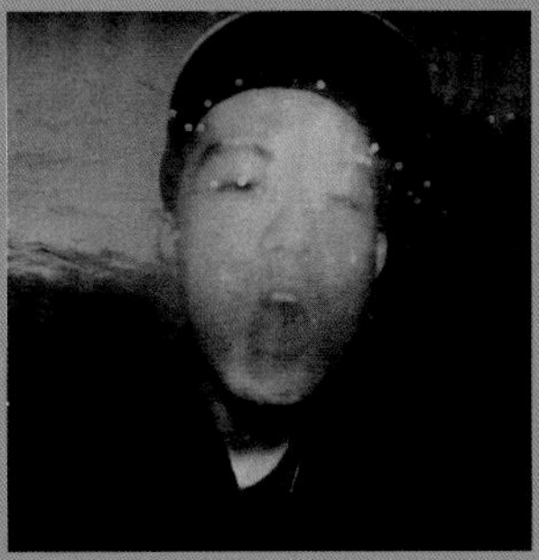

实验室与游乐场
——浅谈“自然生长”的当代摄影

高士明

1985年，《论无边的现实主义》的中文译本出版，作者罗杰·加洛蒂在书中宣称：“一个在运动、回忆、梦想、希望或恐惧中的人所看到的世界，要比一个无动于衷地透过阿尔贝蒂之窗凝视的、古典主义抽象的世界更为现实。”从本书收录的100名85后艺术家的作品中，我们可以看到这些“运动、回忆、梦想、希望或恐惧中”的年轻主体所感受到的无穷差异之现实，可以看到他们处理这些现实感觉的多种方式。这100个个案大致反映了近年来中国摄影实验的现状，从这100名艺术家的作品中，我们可以看到年轻一代的摄影实验大约可以归入以下几条线索。

摄影涂鸦 把摄影和绘画相结合是摄影术发明之初的“第一反应”，但当前摄影师们所追求的却并非是摄影的绘画感，而是两种制像方式的混搭和异见。摄影的数码化及绘图软件两种技术动力交汇在一起，使摄影拥有了与绘画同样丰富的手法和表现空间——涂抹、覆盖、笔触的挥洒和润饰……都逐渐在摄影中展露出新的可能性。

摄影剧场 从这些青年艺术家的作品中，我们看到的不只是置景、摆拍之类的常用手法，我们还看到对“摄影棚”这个媒介现场的全面、充分的调动。今天的摄影家们更加充分地调动起了摄影棚中所有元素的表演性，景片、灯光、道具与现场绘画的结合，构造出一个多模态的综合性表演现场。

摄影虚构 摄影不止是Snap（扑击）的刹那，不止是一个时间切片，而是发生在时空中的一系列事件。摄影内在的时间性和事件性，以及它内在的绵延打开了叙事的空间。摄影的叙事容量正变得越来越大，本书中的许多作品都呈现出一种电影感和叙事意识，这是跟传统意义上的“决定性瞬间”全然不同的画面感，有一种情节凝结在画面之中。

摄影设计 把摄影跟平面设计相结合，通过接片、拼贴等手法，摄影图像可以获得最强烈的视觉效果。摄影原本所奉行的实相原则不再重要，拍摄只是图像采集、生成的众多方法之一。

摄影拓扑 影像是时间的拓扑学，如同在时间上挖一个洞，在日常时间中构造出一种异轨的时间、“另类时间”（alternative time）。在这个意义上，摄影是对事件与时刻的命名。在现代性的经验中，我们对事件、情境的感觉已经与相机的干预紧密联系在一起。摄影的事件性和时间性已经被某种“瞬间”经验抽空。当前摄影家们所要做的，很大程度上是对这种由无数瞬间垒砌起的时间经验的抵抗。

在现代性的经验建构中，透视法为我们的观看规定了一个空间上的“定点”，摄影术则进一步设立了一个时间上的“定点”。我们的观看被聚集、设定在时间绵延中的某个点上，仿佛只有这个起作用的、最终导致曝光的时间点才具有意义。快照的出现使摄影成为一种扑击和捕捉，而时间的断裂则是其前提。由此，瞬间才真正得以显像并进入我们的日常经验。因为摄影，时间被切碎了，我们得以“看”到时间的切片。透过作为视觉中介的镜头，世界被瞬间捕捉住，凝固成片断式的图像——这开始成为我们这个图像化时代的视觉常态。

从这百名85后出生的青年艺术家身上，我们看到，摄影作为一门实验艺术，是一种无限开放的媒介。它所面对、所呈现的现实绝不是一个外在的现成对象，也不是刻意构造出的特殊“景观”，而是远为开放、复杂同时又让人感觉轻松的东西。他们没有那么多来自20世纪那个摄影黄金时代的情结与负担，伴随着数码影像成长的他们，通过这种开放媒体可以做任何事情。摄影成为他们的实验室和游乐场，然而，这毕竟只是一些游戏和花样，我所渴望的摄影经验本身的“原教旨主义”领域却始终空山无人。面对这些充满活力、丰富多彩的创作，我不禁要问，在摄影的不断开放与实验的同时，我们遗失了什么?

在摄影术的历史上，所有的进步之礼物同时都隐藏着危险。在今天，一方面，数码影像技术与各种媒体实验极大地满足了摄影创造的冲动；另一方面，数码即时显影使古典摄影那种在黑暗中有所期待的神秘感完全消失了，数码打印使照片越来越沦为可以随意润饰、改编的图片，沦为真正意义上的“印刷品”。摄影那种从日常经验中化凡庸为神奇的能力、那种面对平凡之物点石成金的能力正在日益衰退，影像之魅、影像的力量与尊严日益衰减，摄影家们直接面对现实的欲望正在逐渐下降。

摄影频繁出现在美术馆、画廊系统当中，在中国还是近20来年的事。在这个过程中，摄影越来越成为当代艺术的一个重要部分。一方面，当代艺术中的摄影实验为摄影界带来了许多新观念、新方法、新样式；另一方面，当摄影以实验影像的方式日益走近当代艺术舞台的中心，它越来越丧失了其在社会中的批判意识和直面现实的精神动力。

面对来自数码原住民们的摄影实验或游戏，我们需要追问：在这形形色色的影像创作中，摄影到底作为媒介还是作为一种方法? 作为方法和作为媒介具有全然不同的意义，只有方法才能构建起独特的感受力和世界感，才能不断更新我们的经验与知见。只有作为方法的摄影，才能重新召唤出这一古典的现代技术探索现实的力量。在这个意义上，摄影并不是现实的备份或者索隐，而是现实得以实现、精神得以现身的神秘通道。

自然生长

百名85后中国摄影师个案剖析

Analysis of Personal Cases of 100 Chinese Post-85s Photographers from Natural Growth

社会

SOCIETY

2010年前后，中国的景观摄影掀起了一个大浪潮，其中就有很多“土洋”荒诞的元素被我触及，这与自己的成长经历有关——我是一个从小生活在二三线城市的中等生活水平的年轻人。中国改革开放迅猛发展的近40年间，中国人的审美取向和多数人的心理状态发生了很大变化，人们大多是渴望潮流，学习和模仿潮流，但并不知道自己其实置身潮流之外，这是一个荒诞有趣的现象。虽然随着互联网时代的来临，这些现象也会随着时代的发展变迁而消解，但还会存在于日常生活的各个角落。我游荡在城市的各个角落进行扫街拍摄，对有些不同时间、地点所拍摄的照片进行重组编辑，希望这看上去是个轻松的玩笑，能给人带来一些新奇、有趣的视觉体验。

中國寶石
CHINA GEMS

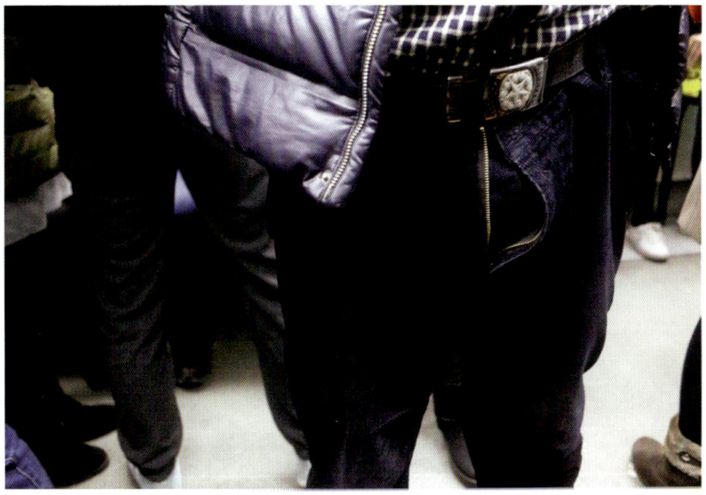

≠ · 2016

2016年至今在全国各地收集并扫描8000余张照片，收集工作仍在继续。
摄影在中国发展最繁荣的时期，是摄影普及到家庭之前到傻瓜胶片相机流行之初。
20多年前，家中一些用来悬挂装饰的照片；20多年后，从家中各个角落拾遗到这些照片的底片。

全家福（1994年洗印照片与1994年

婚纱（1995年洗印照片与1995年未洗印底片扫描）

母女（1995年洗印照片与1995年未洗印底片扫描）

母亲（1998年洗印寸照与1998年未洗印寸照底片1、底片2扫描）

F U SHENG NAN

付盛南

1988年生于吉林长春

侵略性地偷窥街头，人被不可压制地放大。相机在这一刻成了屠夫手里的那把刀，毫不留情地将街头宰割。正和邪，在挥下刀的瞬间，和那头猪一样，变得血肉模糊。从此屠夫再也分不清愤怒与无力，只能在屠宰厂里向往着自由。

——黎光波

L: 黎光波
F: 付盛南

L: 你现在从事什么工作?
F: 没有自由、每天要住在单位的上班族。

L: 你是什么时候开始接触摄影的?
F: 我是2010年买了单反相机后开始接触摄影的,最开始拍一些花花草草和一些没有主题的东西。到了2014年,因为想更好地在街头拍照,所以换了台相机。从此,就一直专攻街头近距离偷拍这一块。

L: 你为什么会对街头摄影比较感兴趣?
F: 我比较向往自由、散漫的生活。从小学习就不好,经常逃学,但我不打游戏也不打架斗殴,平时喜欢到街上闲逛。我现在的工作地离城市人群较远,可能因此对街上的人、事、物都比较感兴趣。后来接触了摄影,就很自然地过渡到现在了。

L: 你现在主要面对生活在城市的人,他们给你什么样的感觉?
F: 怎么说呢,每个人作为一个独立的个体,肯定都是不一样的。我想以一种"偷拍"的方式呈现出一个人在公共环境内比较自然的一种状态,所以在做《窥 in street≠》这个项目。

L: 你为什么会想到做《窥 in street≠》这个项目?
F: 刚开始接触街头摄影的时候,由于胆子小,我不敢细致构图,画面显得非常乱。后来慢慢开始近距离盲拍,再后来就是为每张照片配上一段搞笑的"小文案"。但知道我的人稍微多了一点以后,就有人开始诟病我对人不尊重等道德问题。后来我不想因为自己对图片的描述而影响别人的观感,于是就把所有的街头照片统一取了《窥 in street≠》这个名字,后面加上一个序号,而这个序号并不是代表这张照片在这组作品里的排名,只是一个单纯的计数而已,类似于一个小标页。

L: 其实拍摄街头的方式有很多,是什么让你选择"偷窥"这个方式?
F: 因为我始终觉得,在一个相对开放的环境内,在没有交流的情况下,陌生人会呈现出最自然的状态。如果我拿着相机,去跟一个陌生人说"我要拍你",那感觉就完全不对了,怪怪的。

L: 你以前有过"偷窥"他人的行为(笑)?
F: 这个绝对没有。我只是喜欢暗地里观察别人,平时逛街不拍照的时候,我都喜欢看一下迎面走过的每一个人的表情。

L: 你怎么看待这个行为?
F: 这是我看世界的一种方式。我想说的是这个"窥"不是"偷窥"的"窥",是"窥探"的"窥",是在别人不经意间、在暗处的探索,探索每个人的表情和不同的状态,然后通过整体的感觉反映自己对街头的感觉。而且我喜欢这种"野路子"带来的不同于别人的感觉。

L: 这个项目你会一直拍下去吗?
F: 如果可以,我希望一直拍下去!

L: 你是每天拍一张吗?
F: 不是的,因为工作的原因,每个月能真正拍摄的时间就那么一两天。每次会拍60到90张。

L: 你在这组作品里是想表达自由,还是其他什么理念?
F: 我只是向大家展示一下我看街头的视角和感觉,而且我不想去解读什么,我只是想通过照片让大家从我的视角来看一下我们身边的城市。

L: 在街头摄影这一领域,哪个摄影师给你留下了比较深刻的印象?
F: 森山大道(备注1)是我的精神导师,让我知道应该以一种什么样的态度去街上拍照。铃木达朗(备注2)算是偶像,之前我也说过要做"中国的铃木达朗"。

L: 你为什么给自己取名为"编号39633"?
F: 感觉"编号"非常酷,电影《冲锋车》(备注3)里的主角在监狱里的编号是39633,男二号的警号也是39633,所以这个编号跟别的电影里的编号不同,不是单纯的好与坏,而是亦正亦邪,所以就选了这个名字。

备注1:森山大道,1938年出生于日本大阪。细江英公弟子之一,与石内都、荒木经惟等人同时崛起于20世纪六七十年代,曾是日本传奇性先锋摄影团体"挑衅"(PROVOKE)的旗手人物,其风格为凌厉的黑白摄影。

备注2:铃木达朗,1965年出生于日本东京,1990年毕业于早稻田大学,随后进入富士通工作。49岁时,为了圆自己的摄影梦,他辞去在富士通长达20多年的工作,成为一名全职摄影师,以街头摄影闻名。

备注3:《冲锋车》是由英皇电影出品的黑色幽默警匪片。由郑保瑞监制,刘浩良执导,香港影星吴镇宇、任达华、古巨基、谭耀文、郑浩南等人联袂出演。

窥 in street≠334

窥 in street≠352

窥 in street≠366

窥 in street≠372

H A N
X I A O
H O N G

韩小宏

1988年生于辽宁大连
现代摄影网编辑

在人类肆无忌惮地扩充自己生存地域的同时，我们记忆中的家园也逐渐被侵占。她抱着乐观的心态期待好好地看看这片记忆中的儿时的海，但是这片海早已不再是那片海，精神家园在欲望向海里倒进土地的那一刻就已经被摧毁。摄影也是如此，由于工作的原因，她看得多了，了解得多了，顾及得就多了，所以更不敢轻易出片。换个生活状态，好好地感受国学。用轻松的方式来表达自己的内心，好让自己不那么累。

——黎光波

L：黎光波
H：韩小宏

L： 说说你的《海还是那片海》吧。
H： 刚开始我并没有想好这些作品的名字。因为我的家乡在大连，大海给我留下了特别深刻的印象。拍这组照片也是因为海，无论是对家乡的回忆也好，还是对儿时的一种纪念也好，都是以这样一个想法开始的。

L： 这组作品是你到上海学习之后回到家乡拍摄的一些海边影像？
H： 我是在大连上的大学，2011年毕业之后来到上海，每年都会回大连几次，每一次回去感觉好像都有一点变化，每一次也都会去看海。这组作品大概是在2014年拍摄的。在2014年的时候，大连正在修建一座跨海大桥。小时候，海给我的印象就是一望无际，海天相接，海也承载了我童年的回忆。建起来的桥总是让我觉得隔断了什么，现代化的建设、城市化的发展让曾经一些很美好的东西渐渐远去。一座跨海大桥的建立，给城市带来的是方便和快捷，但是破坏了原有的生态。

我本来想以一种回顾的方式拍故乡——海的记忆，结果越来越多的钢筋水泥的出现，使我的拍摄方向发生了变化。我爸开车带着我，从大连南边的海岸一直拍到西边的海岸。每一片海域呈现不一样的景观，有一些是景区，有一些是乡村，有一些是工厂。在这些照片里，有一部分高楼就是建在人造岛上的。通常填海之后需要十年时间来沉淀地基，因为开发商迫于资金压力，填海一两年就开始盖楼盘，所以大连很多地方现在出现了塌陷的现象。这也是我最近才知道的，因为我的计划还未完成，可能我再回去的时候会拍一些新的东西出来。

L： 你的这组作品其实表达了发展对自然侵略性的破坏。你在上海现代摄影网当了这么多年的编辑，采访了那么多的摄影师，也一直参与了这么多届的大学生摄影大赛，做了这么多事之后，再反过来看自己拍的这些东西，你自己有没有一个新的变化？
H： 摄影，有的时候会潜移默化地影响我，因为做网络编辑要阅读大量的图片，选择一些很好的照片跟大家分享。无论是国外的大师还是国内的大师，以及各个年龄段的摄影师，阅读他们的照片对我来说都会有一个促进。阅读量多了之后，我就对自己有了一个要求：要找到自己。所以我很长时间不敢拿相机，不敢拍照，就是觉得自己可能没有找到一个真正属于自己的方法，于是我就少拍一点。摄影是需要表达个人的观点、思想和看法的，这些观点都可以从摄影师的作品里呈现出来，所以我觉得我还需要沉淀更多，才能创作出自己满意的照片。

L： 你的大赛主办方工作人员身份、编辑身份，包括采访者和发掘者的身份，让你对摄影本身就有一种自我疲劳，看得越多，顾及越多。
H： 是的，就是这种状态让我觉得我要找一个能反映自己特质的点，这样我才能拿起相机拍摄。有空的时候，我把以前用手机拍摄的照片翻出来看，日常的手机照片积累到一定量的时候，你会发现自己的特点其实就在那儿，"像"由心生嘛，一种自然而然的东西。

L： 你现在拍的东西和你前段时间拍的东西有很大的区别，现代摄影网的叶明文主编最近讲的国学课对你有影响吗？
H： 叶老师的国学课对我的影响很大，而且他就像标杆一样，无论是为人处事，还是对摄影的态度，或是对国学的态度，我一直耳濡目染。

L： 你觉得国学与摄影有什么关联？
H： 国学是一个大的范畴，其中包括文化、艺术，而摄影就是文化、艺术的一部分，可以说摄影跟国学也有很大关联。反过来，如果把摄影搞明白了，对国学可能也就会有领悟了。

L： 你觉得现在的工作对你的摄影水平有没有明显的推进？特别是在看得更多，实践得更少之后。
H： 看得多了，了解得多了，顾及的就多了，所以不敢轻易出片。初生牛犊不怕虎，一开始你是什么都敢做的，当你对它有一个更加深入的认知时，你有可能就放不开了，当然我也看到很多人做得很好。我自己不一定只通过摄影来表达我的内心，还有其他方式，比如种种花草、聊聊天、喝喝茶，这些都是我的生活状态。

L： 在你采访的这些摄影师当中，哪一位摄影师对你的影响很大？
H： 对我影响大的摄影师或者艺术家，并不是说他的作品带给我的影响，而是他这个人给我的印象，比如丘（备注1）。我发现很多摄影师可能比较内向，不太善于言辞，正因为这样，他们可以通过摄影，完全把自己内心的一些态度和想法用图片呈现出来。丘是我去年在"集美·阿尔勒国际摄影季"上认识的，他，我都不知道是他，为人谦和低调，好几次在一个桌上吃饭，我都不知道是他。后来荣荣（备注2）说他是丘，我才知道。他的作品，从感性到理性，我都喜欢。照片是要表达自己的思想和观点的，只要你通过照片来表达自己的观点，那就算完成作品了。当然作品的观点也是有差异的，有的是表达社会层面的观点，有的是表达个人的观点 。

还有一位艺术家魏壁（备注3），他的照片不必多说，大家都知道，我更喜欢的是他可以放下曾经的一切，归隐山林，做个"农民"。这是很多人做不到的，也是我向往的，或许有一天我也到乡下，找一片田地，悠然自得地过着小日子，养养花草，哈哈。放下是一件很难的事情。

L： 所以你现在是"养花"的兴趣大于摄影的兴趣？
H： 不是，摄影还会一直坚持。只是每个人都会在某个阶段有他更需要做的事情，可能在我现在这个阶段里，拍照并不是必须要做的一件事。本来我想轻松、快乐地过日子，但现实的压力逼得自己去做一些自己不想做的事情，我觉得大多数艺术家也都经历过这个过程。生存问题，对大多数人来说还是一个很重要的话题。

L： 那你对面临"生存"问题的青年艺术家有什么建议？
H： 要看你觉得当下什么对你最重要吧，很多成功的艺术家都是因为坚持，如果有一颗坚持的心，成功的机会就会很大了。当然，如果你觉得现在面临的生存问题更重要，使你不得不放下摄影、放下艺术追求，可以先解决好生存问题，待有能力之后再回归摄影和艺术。做商业摄影，参加一些商业摄影活动，也是可以养活自己的。经济基础决定上层建筑，不得不说这是必然的。

备注1：丘，1974年生于广东平远，1998年毕业于广东教育学院美术系，现生活和工作于广州。

备注2：荣荣，1968年出生于福建省漳州市，1992年在中央工艺美术学院学习摄影。1993年搬至北京郊区的东村，开始对东村的年轻前卫艺术家进行长期拍摄。1996年创办《新摄影》杂志，2006年创立"三影堂摄影艺术中心"。

备注3：魏壁，1969年出生于湖南北部农村，现居家乡。20世纪90年代，他在深圳做印刷厂业务员，并有着不错的报酬，后来与《现代摄影》相关的一帮朋友玩得开心，毅然辞掉工作专心搞起了摄影，即使生活质量大打折扣也绝无悔意。

从小在海边长大，在上海生活多年，每次回到家乡大连都要去海边走走。2014年“十一”假期，再回家乡，父亲载着我沿着海岸线一路重游，让我重拾了儿时的记忆。海还是那片海，但城市化的巨大发展变迁却让我印象里的那片海域不再熟悉，填海、盖楼、架桥，貌似人们的生活越来越便捷了，我却不知道这是喜还是悲。

艺海闲居

在这个既大同又不同的世界，每个人都有意无意地低头注视着手机屏幕，无论是东方还是西方，人们看展览、吃美食、旅游，所有的生活都在朋友圈中充分体现，一年当中可能拍了数以万计的照片，若问他们能否找到一张让你真正开怀大笑或是发自内心而笑的照片的时候，他们或许会采用沉默的方式去回答。大家可以看到展览照片中的玛莉亚和理发店阿姨之间并没有因为语言不通，没有因为身份、地位、国籍、职业的不同而显得陌生；相反可以看到她们最真实、最开心的笑容。希望这些美好的瞬间变成你心里的图片传播开来，也许是分享吧，与更多的人。

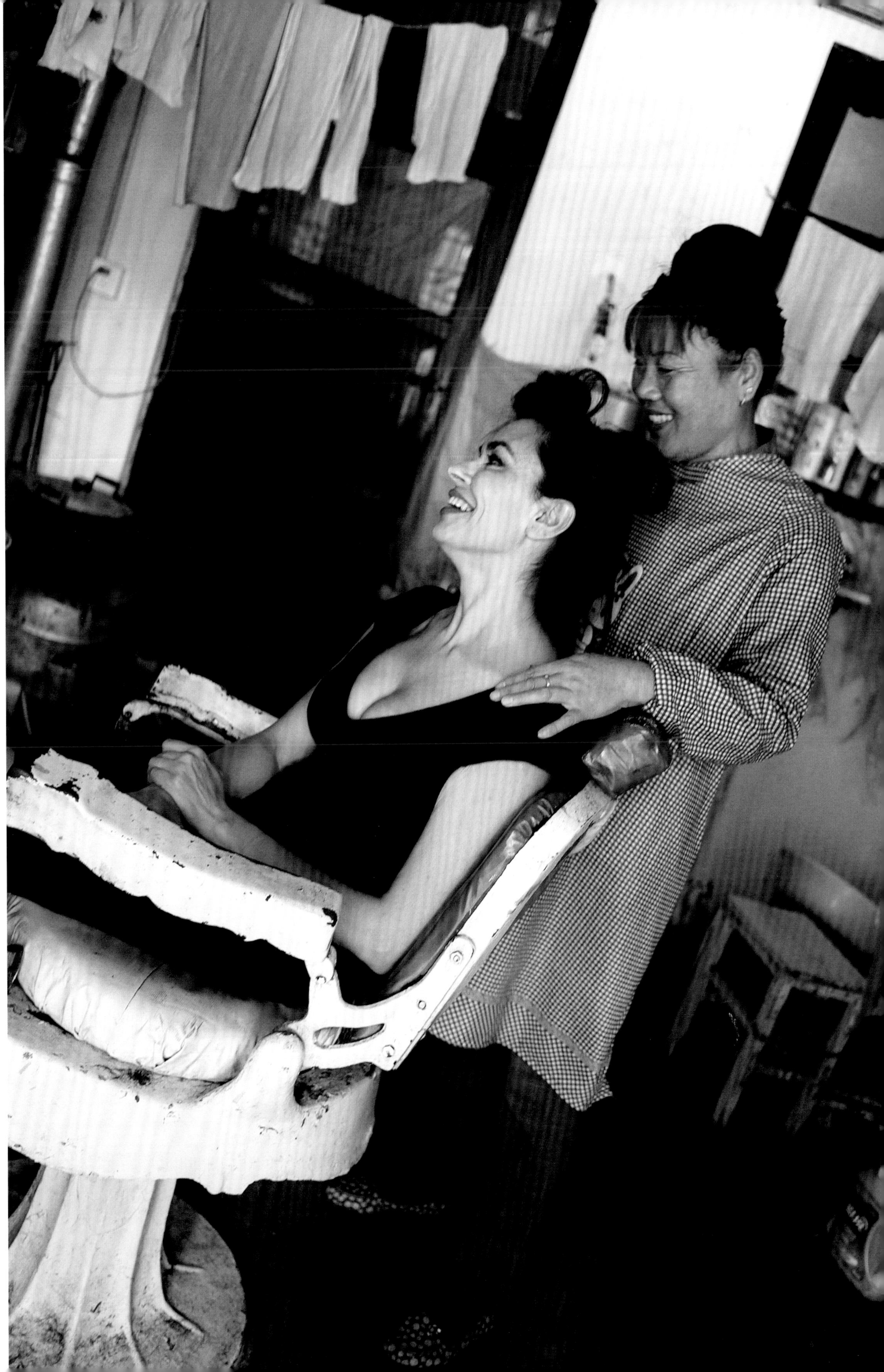

HOU SHUAI

侯帅

1990年生于青岛

侯帅的创作充分发挥了摄影的媒介特质，把“当下的”与“过去式”糅杂在一起，讨论摄影叙述虚构故事的可能性。手工银盐的质感让后工业时代和乌托邦式的“第二世界”更加浪漫抒情，像是一首后现代诗。作者用摄影将现实重构为第二现实，将世界虚构成第二世界，让我们看到了历史的也是未来的场景。

——春熙

C: 春熙
H: 侯帅

C: 聊聊你的《第二世界》吧，以及你的摄影。
H: 我的作品是黑白摄影，画面具有历史感、事件性，每张都是一个浓缩的故事，需要观者去发现。摄影具有真实性，可以让观者深信不疑，并且与其他艺术形式相比，它与现实世界的联系更密切。对我来说，摄影是一种工具，想要通过它表达的东西才是最重要的。工具服务于形式，如果有其他工具更能体现我的想法，我会马上放弃摄影。但目前来说摄影最贴近现实，可以表达我的所有想法，所以我很喜欢摄影这种直接的表达方式。

C:《第二世界》的画面让人想起过去，你认为摄影是“怀旧”的吗？
H: 不是，摄影是纪实的。怀旧的画面是为了让人对它产生历史照片的错觉，这样可以增强画面的真实性，这只是对我的作品内容而言。我们每天观看的新闻图片是需要时效性的，这样才具有客观的含义。路子不同，画面不同。

C: 你认为摄影有没有叙述未来的可能？
H: 我个人认为这种情况很少见，普遍意义上的摄影与其他艺术最大的区别在于需要真实世界的构架。在真实世界里，你想找出确定的未来是不符合常理的；同样，照片拥有叙述未来的功能显然不是它所擅长的。所以我个人觉得摄影更多的是“过去式”。如果我的作品要表现未来，我就不会用摄影去表达。

C: 谈谈“第一世界”和“第二世界”的差别，是在用经典的形式反思当下吗？
H:“第一世界”指的是现实世界；“第二世界”指的是我内心构想出来的第二个世界，但并不是天马行空的世界，它同样具有“第一世界”的一切要素，只是会更浓缩、更能说明问题。

C: 你的作品采用的是传统的银盐工艺，谈谈你对银盐工艺和数码摄影的感受。
H: 读本科时，我一直在研究传统银盐工艺作品的制作，这些作品有一种手工制作的质感，我非常痴迷于此。为了凸出银盐工艺的颗粒感及特殊的黑白影调，我在前期进行了大量的调整，取得了很好的效果，并且拥有了一些个人风格。但随着作品主题内容的不断发掘，工艺的比重不断下降，作品尺幅也越做越大，经权衡之后，在研究生阶段开始使用最常见的数码冲印技术。总的来说，不同的制作方法各有好处，但我的想法是在艺术效果接近的情况下，用新技术而不用旧技术。

C: 谈谈你目前的创作方向。
H: 最近在做彩色数码照片。目前还在试验阶段，我开始减少对原图的干预，其他的不好说。

C: 聊聊你喜欢的摄影师和作品。
H: 杰夫·沃尔（备注1）。因为我一直认为摄影是一种实用美术，有记录的作用。杰夫·沃尔利用了这一点，将完美的生活和现实的生活连接起来，他把看似随意却又深刻的社会现象显现出来。另外还有杉本博司，他让我看到东方摄影师的巨大潜力。这两人对我的创作影响都很深，我个人认为艺术创作应立足于本国文化，杉本很好地利用了这点。我的作品也是贯彻了我的理解、对中国社会的认识，以及自己的经历。虽然不见得有多好，但我觉得至少每张作品都可以讲一些事。

C: 你怎么评价当下的摄影？
H: 我认为当下摄影的题材、风格都很有前景。但从理想的摄影的角度来说，我还是认为，作为一种有力的工具，反映现实社会的问题和现象，才是最理想的摄影。

备注1：杰夫·沃尔，加拿大籍摄影家，1946年生于温哥华；1970年就读于温哥华的不列颠哥伦比亚大学，获得艺术硕士学位；1970—1973年在英国伦敦考陶尔德学院攻读艺术史博士学位；1976—1987年担任加拿大西蒙弗雷泽大学艺术中心副教授；现担任不列颠哥伦比亚大学副教授。

62
自然生长

看似平淡的现实加入了新的感情，反映了在新时代里我们国家的特点与历史。这些图像大部分拥有历史线索或者与表象完全不同的立意。比如死了的鲸鱼其实是由人的伤疤拍摄而成，边境线上动过手术的死猪则提示着曾经的战争。凡此种种，都需要观者更深层地发掘出来。这些作品带给我们反思，反思我们的现实，思考未来会变成什么样，或许繁华的景观并不是理想的生活，而被肢解的雕像背后那个积满灰尘的废墟正是心志的觉醒。

钢琴
明胶银盐 32×54cm
爱普生艺术微喷、哈内姆勒摄影纯棉硫化钡纸基纸
53×90cm

山的那边是越南
爱普生艺术微喷、哈内姆勒摄影纯棉硫化钡纸基纸
50×110cm, 82×180cm

处理
明胶银盐 32×54cm
爱普生艺术微喷、哈内姆勒摄影纯棉硫化钡纸基纸
76×130cm

回收站
明胶银盐 32×54cm
爱普生艺术微喷、哈内姆勒摄影纯棉硫化钡纸基纸
53×90cm

李恒樑的《巧合》关注日常生活中的小趣味，日常性多义化的观看是他对生活最直接的表达，提醒人们注意生活中的细节和小确幸。

——春熙

C: 春熙
L : 李恒棌

C:《巧合》是关于日常的作品吗? 聊聊你的摄影作品，是“日常”的吗?
L: 摄影对我来说是一件再平常不过的事，就好像吃饭一般，并不是什么大事，但又不能不吃。我也止是以一种平常心，去记录我想要留下来的瞬间。

C: 你对《巧合》的阐述很简洁，你觉得摄影需要阐述吗?
L: 我觉得不是绝对的，摄影师本身想要表达的思绪应该都在影像当中，阐述只是为了让观者更容易看到作者所想的。但有些影像其实并不需要阐述，也不需要观者的理解，摄影师只是告诉别人他在做什么，并且做成了这样。

C: 怎么理解“巧合”? 是日常生活中的小涟漪?
L: 当一切都是相对随机的时候，没有目的性，我不知道具体什么时间会在哪里遇见什么人等等，这些条件都不是确定无疑的，在这样未知的情况下，所有的碰撞即是一种巧合。

C: 最近有什么新的创作?
L: 最近在做的项目是《碎碎念》，从以往的图片中选取一部分与将要拍摄的图片进行串联，找寻自身情感的流动性，表现我对影像的碎碎念。

C: 聊聊你认为的摄影的真实性。
L: 我觉得真实是相对的，尽可能减少主观意识的参与，可以确保影像的相对真实。

C: 你认为摄影应该是什么样的? 对你的摄影影响最大的是什么?
L: 我觉得摄影应该是简简单单的，自由一点的。大家做自己喜欢做的，拍自己想要拍的，我觉得这样就很好。对我影响最大的应该是生活吧，对我影响最大的应该是生活不断进行，而我不断成长，摄影也随之变化。

巧合·2017

常常需要为自己所拍摄的影像去解释它的含义，但照片对我来说更多的是时下情景的反射，其中夹杂着些许瞬间的触动。用巧合来形容图像，我觉得可能更为适合，因为我的情绪，还有当下的时间、地点，以及人或物，这些因素都巧合地聚集在一起，最终变成大家所看到的影像。我也更愿意去遇见不被设定的人或景，因为在我看来这会比较真实。

2 元

LI HONG QIANG

李红强

1986年生于山西
2013年参加今日美术馆"凯撒艺术新星"展
2013年参加千里之行——中央美术学院毕业生优秀作品展
2013年参加中国平遥国际摄影大展摄影个展
2013年获第四届色影无忌中国新锐摄影师奖
2013年获瑞士爱玲珑摄影奖
2016年参加德国HFG摄影展

李红强是一个很有洞察力的人，在这批85后摄影师中算是年龄最大的了，丰富的阅历让他十分明白自己想要什么，对摄影也看得非常通透。虽然他说自己并不善于调侃，但这种稳重的仪式感与当下流行的嬉笑怒骂相比也不失为一种有趣。《隔江山色》名字很复古，很沉重，但视角并不悲壮，反而带有一些轻松的小幽默，令人时而会心一笑，时而沉默无言。就像他说的，人生本来有很多坎坷，要让摄影简单些，要让观众看到作品清澈的一面，这也不失为一种睿智的处世之道吧。

——何青

H：何青
L：李红强

H：《隔江山色》之名取自于高居翰（备注1）的那本中国绘画史学书《隔江山色：元代绘画（1279-1368）》吗？
L：不是，照片并非先入为主，《隔江山色》是我毕业三年后起的名字，根据作品给人留下的印象仅仅是隔江山色而已！

H：你想表达的是对逝去的农耕文化的怀念吗？
L：受地理和传统影响，农耕文化在当下依然是主流，但逐渐成为配角，通过行走，这一切我都能看到并且加深了印象，甚至形成更加个人化的视觉经历和表达。

按照我现在的看法，我认为摄影并非简单的拍摄，也不是去思考如何制造图像的问题，当然更不是用一些其他艺术门类的思想和技术去完成。摄影必须和创作者的生活紧密相连，用摄影这个媒介传达生活的状态，我认为这就是摄影者的初心。

H：那么，中央美术学院的摄影教育是怎样的？对您的创作有什么样的影响？
L：老师让学生自己拿主意，学生自己做主。当然作品要对得起"美院"二字，否则不准毕业。（笑）

H：当年老师或者旁人对你的作品有哪些有趣的评价？
L：摄影系老师和同学的评价不太清楚，外国友人的评价很高，2013年，荷兰的收藏家收藏了中央美术学院美术馆里我的全部作品。

不要试图把摄影看作多么高深的学问，摄影和其他艺术形式一样极其平常，把摄影过成生活，把生活过成摄影艺术。

年轻人喜欢做加法，老年人喜欢做减法，其实不加不减最好。

H：毕业后也从事摄影吗？现在是啥状态？
L：我在毕业后的几年中从事过很多行业，和不同行业的人接触过。今年3月，我拿着相机，就像拉着女朋友的手一样出门了，我称其为快乐拍摄法。

所谓快乐拍摄法是不带有任何目的性的，不为取悦旁人，不参赛，用平常心拍。把摄影变得纯粹，不拿它换取利益，只有这样的过程才变得简单、有趣。

H: 你以后都不参赛了吗?
L: 我可以参赛，但不会考虑其他事情，要是给我发个奖，我也会接受的，但我内心是平淡的。说了很多，就是想阐述一个道理，不要给自己施加压力和增加负担。人生本来就有很多坎坷，让摄影简单些，让观者看到作品清澈的一面。

H: 是的，那你对纳达夫·坎德尔（备注2）的作品怎么看?
L: 当年看他的照片，视觉上还是比较吸引我的，现在看着很平淡。上学期间，我更喜欢乔·斯坦菲尔德（备注3）。

H: 他拍的也是荒谬的现实与景观。
L: 细细看我的照片，能看到一些端倪，当我遇见了这些场景，必须拍下来，不拍就白来了。坎德尔的画面更平淡一些，而我的画面里是有冲突的。我这个人从外表来看，大家都觉得这哥们儿戴副眼镜，像个读书人，其实错了。我现在很讨厌“诗意”二字，真正能做到“诗意”何其难。我内心是反叛的，渴望被调侃，渴望幽默，因为幽默是我天生不具备的，但摄影很奇妙地在弥补我的缺陷。

H: 这种弥补的结果如何?
L: 弥补得很好。另外，我觉得坎德尔更有计划性，而我更真情一点!

H: 哈哈，这个真情怎么理解?
L: 很多人和我聊天，我很少聊作品本身，更多的是聊作品背后的东西。当你喜欢一个人的时候，你一定会想方设法靠近他（她），与被摄体的关怀程度和距离成正比，我和我拍的事物都有沟通，不是偷拍，都是在被摄者知情的情况下拍摄的。这样视角也会更近一点，保持一个相对的距离。

所以，我和其他摄影师最大的区别就在于我的所有照片都有摆拍一说，但我不希望被观者看到很明显的摆拍痕迹，必须还原我所看到的第一印象。人生若只如初见，那不到1秒的观看是最具有真情的。（笑）

H: 那么你的摆拍是为了对第一印象的还原?
L: 摆拍不是目的，只是一种方法，我选择的人物与环境的状态基本上都是瞬间消失的，通过适度摆拍还原最初的印象，只要感觉对了，就拍下来。这也可以说是对逝去记忆的纪念。4X5大画幅相机限制了工作方式，如果4X5能抓拍，那是极好的!

H: 拍完这个之后有什么新的创作计划?
L: 这世界还缺少为了新的创作而创作的作品吗?

备注1: 高居翰，1926年出生于美国加州，曾长期担任加州大学伯克利分校艺术史和研究生院教授，以及华盛顿弗利尔美术馆中国书画部顾问，享有世界范围的学术声誉，是当今中国艺术史研究的权威者之一

备注2: 纳达夫·坎德尔是这个时代公认的最具独创性和最受重视的摄影师之一。他的作品被英国国家肖像画廊、维多利亚和艾伯特博物馆收藏。

备注3: 乔·斯坦菲尔德，1944年出生美国于纽约，毕业于达特茅斯学院并获得学士学位，之后执教于纽约的莎拉劳伦斯学院。主要拍摄彩色照片，其作品主要以大画幅的美国题材为主。

“不废江河万古流”的愁绪一如古人，无声咏叹着农耕文明最后的挽歌，愁更愁。以宋人一角的固定模式，反映时代的隔江山色，原来就是生活本身。

L U GEN

卢根

1989年生于重庆
自由摄影师
从事手机摄影工作8年
美国VSCO.co的中国特约撰稿人
德国iGNANT专栏撰稿人
Instagram 全球推荐作者
网易LOFTER十大手机摄影师
iPPA全球iPhone摄影奖获得者
2014年入选色影无忌“中国十大新锐摄影师”

当手机摄影出现的时候，很多人一直努力地分清手机和相机的界限，然后迅速磨灭自己努力画下的分界线。卢根是一名在互联网环境中成长起来的摄影师。他偏执地热爱着互联网科技，手机摄影让他进入了摄影的语境里。在这样的摄影时代里，他可以像孩子一样热情并真诚地记录一座城市。

——黎光波

L: 黎光波
I：卢根

L: 你是我身边见证了手机摄影进入中国，并且以手机摄影为标签的摄影师之一。
I: 我玩手机摄影确实比较早，如果要追溯起点的话，应该是在2010年我读大三的时候。其实当时还没有手机摄影这个概念，智能手机的普及率也不高。我本身是对新鲜事物比较感兴趣的人，对数码产品尤其感兴趣。起初并没有刻意用手机拍照，都是用相机拍。但有一次纵贯线乐队来重庆演出，我在Facebook上互粉了他们乐队的一名成员，然后看到他们用Instagram发布了一张他们的照片，我觉得这张照片的色调很好看。因为在2007年到2009年期间，大家对数码摄影的后期处理是非常痴迷的，也喜欢将画面调成高动态光照渲染的复古色调。于是我下载了这款APP，这是我第一次接触手机摄影的APP，那个时候的Instagram对我来说根本不是图片社交的媒介，只是一个我用来调图片色调的途径。后来我一发不可收拾，觉得这种方式太方便了，对于摄影，我只想要一种结果，只要这个结果能达到我想要的点就OK。至于过程中用什么手段，在我看来都无所谓。因为，给大家看到的是一张最终完成的图片。在我读大四的时候，又推出了很多APP，我便更加一发不可收拾地专研。可以说，手机摄影是我最早接触到的一种摄影方式。

L: 你比较擅长使用互联网社交媒体等工具去传播作品，这也是当下年轻摄影师需要掌握的表达观点的方式吧?
I: 其实现在国内也有很多关于图片社交展示的平台了，用一个大流量大V慢慢带动一个小流量小V的互动模式，前提是你的照片要具备一个很好的切入点和传播点，我觉得这个是最重要的。

L: 从接触摄影到现在，你一直将镜头对准重庆。你最喜欢重庆的什么?
I: 我最喜欢的关于重庆的元素，不是它的文化，不是火锅，不是美食，也不是那些很有层次感的建筑。土生土长的重庆人已经习惯了，这些在视觉上和感官上刺激不了我的神经。但我最喜欢的就是重庆人，所以我拍的都是重庆人的故事。我很喜欢在拍摄过程中去了解重庆，也非常喜欢重庆人的感觉。我想用摄影记录下我看到的重庆，记录这座城市。

L: 你的镜头里有很多都是十分贴合老重庆或者重庆城市景观的题材。
I: 因为有故事吧，这跟我对重庆的回忆有关，而且我本身也喜欢一些老的东西、真实的东西，这些东西在我看来是有灵魂、有精气神的。我觉得《疯狂的石头》这部电影就把重庆拍得很贴切，宁浩导演抓住了重庆人的感觉。

L: 你拍了这么多年重庆，你对重庆的感觉有没有慢慢改变?
I: 其实很多东西交织在一起，加上现在重庆的经济发展得很快，也算是中国的一个缩影吧。它的内容、它的深度，包括很多领域都不太成熟，都在建设中。当然，这也提供了很多机会，比如就业机会、创业机会等等，都是好事。当你想做一件事情的时候，如果你比较纠结、感伤，感觉重庆的很多东西都不太成熟，就会影响你想去做的一些事情，但回过头来，你会发现这座城市和我们都在经历成长的过程。

重庆的城与人。很难找到一个准确的词汇给重庆这样的城市定位，它作为最年轻的直辖市正处在飞速的发展和建设阶段，然而历史给这座城市留下的种种斑驳和厚重却也充斥其中，从未散去。

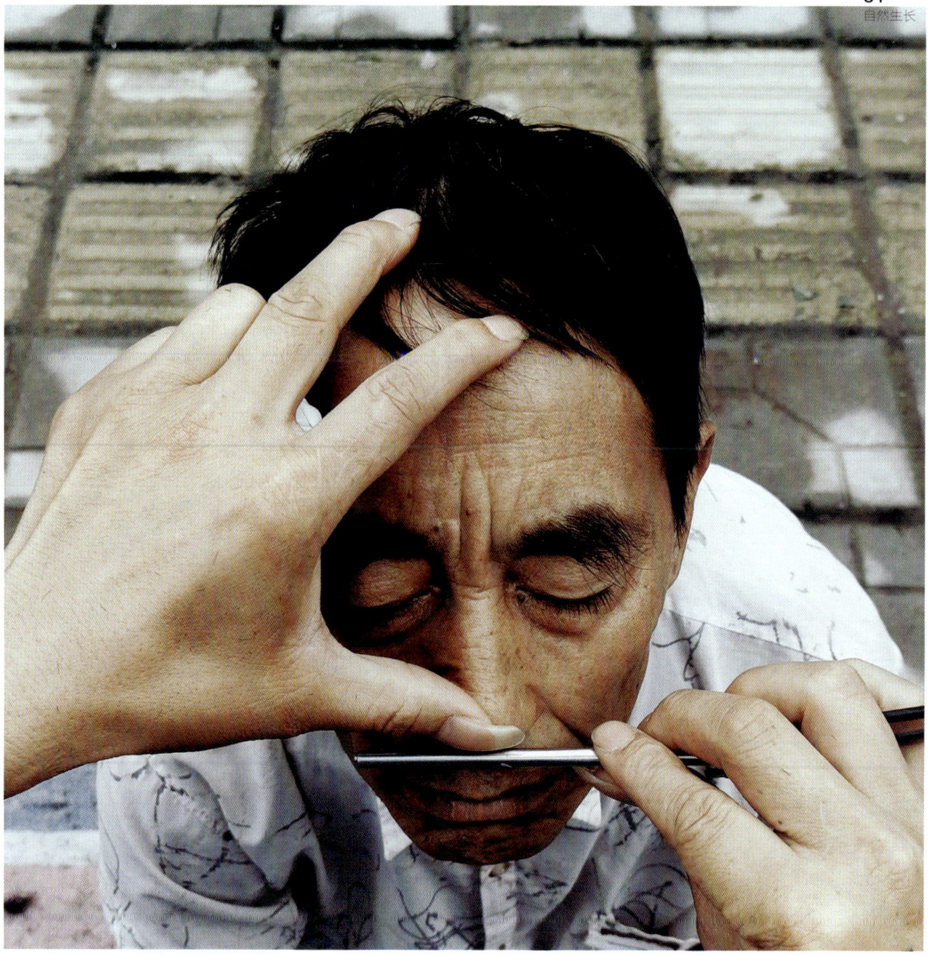

房屋出租

TRUST
Calvin Klein

SU YU

粟钰

1987年生于湖南

粟钰的《婚》拍摄了日常生活中的平凡夫妻，从20来岁的年轻夫妻到相偕走过半个世纪的金婚夫妻，她用最简单也是最直白的方式记录下这些面孔，她用摄影的方式思考婚姻的意义。相信在与这么多对夫妻交流、拍摄的过程中，她会有更多的感悟。就像她说的，因为这次拍摄，这样一种“思考”被看见了，被关注了，被反思了，也被自己实践了，就已经完成了它的使命。

——春熙

C: 春熙
S: 粟钰

C: 聊聊你的摄影，摄影对你来说意味着什么？
S: 刚开始，摄影对我来说只是一个打发时间的爱好，学摄影的人未来可以干什么我都不知道，也没想过自己能不能做好它。不知不觉地，摄影竟然成了我从小到大唯一坚持的一件事情，到现在差不多10年了。

C: 它对你有什么影响？
S: 它给我的改变和影响挺大的，最直接的就是改变了我看世界的方式和深度。比如我学摄影前对很多事物都是一扫而过地"看"，但在学摄影之后，开始"停留"、"探究"、"重组"，这种改变深深地影响了自己的思维。不过摄影带给我最重要的影响是它让我体会到了有信仰是一种什么样的感觉。

我是个很喜欢追求"意义"的人，做什么事情都喜欢刨根问底，经常思考着就推翻了所有意义，然后自我放弃。这也是我为什么从小到大都没有坚持完成一件事情的原因。

但自从开始接触摄影，我就放弃了这种追求"意义"的思考，我不知道我为什么要做这个，我只知道"摄影"永远不会离开我的生活。它是否能让我赚钱，是否能让我出名，是否能让我快乐，我都不在乎，它一直存在就好。这种感觉会让你特别踏实，你不会离开它，它也不会离开你。

C: 谈谈你的《婚》。
S: 《婚》是2016年我自己做的一个摄影项目。通过拍摄金婚夫妻和新婚夫妻的肖像，来探讨关于婚姻的意义。

2016年初，几个朋友一起闲聊的时候聊到了这个话题。在离婚率如此之高、"剩男剩女"如此之多的今天，婚姻究竟意味着什么？很少人再用纯爱的角度去看待这样一层社会关系，与之相对的是大家隐约透露出的担忧与疑惑。每个人都发表了自己的观点，但这场讨论并没有什么结果。

于是我想用很笨的办法来探究这个问题。我想用金婚夫妻和新婚夫妻的肖像作对比，去体会一种关于婚姻在时间维度上的差别，也许这种差别就是我想要寻找的答案。

C: 你也快要结婚了吧？你觉得婚姻对于你意味着什么？
S: 其实之所以会拍《婚》，就是因为我不知道婚姻对我来说意味着什么。我说过我是一个很喜欢追求"意义"的人，我思考过婚姻对我的意义也许不下100种，但它们又被我逐一推翻。这也是促使我去拍《婚》的一个重要原因。因为想不明白，所以干脆直接"实践"。

C: 《婚》在形式上有点像结婚登记照，是出于什么样的考虑？
S: 其实并没有刻意选择用这种形式去拍摄，因为最初想用不同时代夫妻的肖像作对比，所以就把所有的重点都放在了人物肖像上。我尝试过很多效果，最终决定摒弃其他元素，把背景和服装都安排为白色。我不希望其他东西干扰观者对人物肖像和表情的关注。

C: 拍摄过程中，你最大的感受是什么？
S: 我拍摄了几十对夫妻，原本只是为这个项目做记录，却发现这个项目带给被摄者更多的意义。许多老人这么多年都没有一张正式的夫妻合照，在镜头前，他们好像找到了一个合适的时机表达爱意。我听着每一个老人的恋爱故事、生活故事，我看着每一对夫妻眉眼之间的温情。最大的触动是拍摄时我妈妈说的一句话："如果早两年拍摄该多好，外公和外婆也能拍上一张。"

C: 那么《婚》也关于遗憾？
S: 当时我陷入沉默很久，突然强烈地意识到有些画面错过了就再也拍不到了。有些人与你相伴一生，但总有一天会离开你。所以很庆幸，《婚》的拍摄给那么多人留下了纪念。很多老人的家人跟我说谢谢，谢谢我帮他们留下了这样的纪念，但遗憾的是我只能给外公拍下了那样一张和外婆照片的合照。

其实直到拍摄完成，我也没找到一个属于我的关于婚姻的答案。但很多看过照片的人都跟我诉说了他们各自不一样的感受。我觉得这是一个很好的结果，同一个作品，每个人看到不一样的东西，而你看到的就是属于你的意义。

C: 对于某些问题，摄影会给出答案吗？比如婚姻关系。
S: 一定会给出答案，只不过有些答案也许是另一个新的问题。我更在意的是思考和探索这个问题的过程，以及用摄影呈现问题的过程。况且答案本身并不是我的唯一目的，我更多地希望自己保有对这个世界的好奇心。就像《婚》，我并不妄图给自己或其他人一个确切的答案。但因为拍摄过程，这种"思考"被看见了，被关注了，被反思了，也被我自己实践了，这就已经完成了它的使命。

C: 你认为肖像的力量在哪里？它为什么会打动人？
S: 对我而言，在于人的有趣，而人的有趣在于人的复杂。当两个（或多个）复杂的个体联系在一起时，又会产生各种神奇的化学变化。所以我喜欢拍摄人像，它会有熟悉的陌生感，以及普遍规律里的细微的出其不意。至于为什么会打动人，多是因为肖像更容易使观者产生情感投射吧。你会在某幅肖像里看见自己的影子、朋友的影子、家人的影子或者某个群体的影子。它有更低的思考门槛，谁都看得懂吧。

C: 今天（2017年6月3日）是你办婚礼的日子，聊聊你最近的创作和《婚》？
S: 最近的作品内容继续讨论人与人之间的情感关系，因为我感兴趣的还是人物和情绪。下一个作品应该会拍摄亲子题材，关注的是一个特殊群体的亲密关系。我在拍摄《婚》的时候单身，因为《婚》这组作品认识了我先生。在我个人生活中，在不同的人生节点上，对《婚》还是有很多不同的感悟的。

维系稳定的婚姻生活一直是中国传统的观念，但在过去的十几年中，中国的离婚率一直持续走高。"白头偕老"的婚姻渐渐成为一种奢望。人们开始怀疑婚姻的意义，而我想用影像去探寻它的本质。

我拍摄了几十对结婚时间超过50年的夫妻，我相信50年的婚姻历程一定在他们的脸上留下了或深或浅的印记。50年的相伴，早已让他们的笑容里有了彼此的温度。仔细观看，你会慢慢发现他们眉目间的映照，那是半个世纪的牵连，让他们丰富了彼此的生命。

金婚——卢廷立、王春芳，结婚56年

新婚——韩亚琮、张添境，结婚1年

金婚——莫御、刘彩莲，结婚57年

新婚——陈昱、黎景，结婚8个月

新婚——邓先知、林威威，结婚11个月

金婚——陈庚生、汤秀梅，结婚50年

新婚——董天文、林双羽，结婚1年

外公与外婆的合照

WANG HANLIN

王翰林

1993年生于山东日照
2011年考入中央美术学院
2015年考入中央美术学院摄影专业（研究生）
曾获得2016年IPA国际摄影奖中国大奖赛摄影画册类金奖和艺术类银奖
现工作、生活于北京

王翰林的作品关注自身生活的城市空间和个人记忆，通过中性的视角去拍摄城市（博物馆）中的“展品”。其地理考察的创作方式有新客观主义和地形摄影的意味，用镜头记录“被人改变的风景”。而这正是当下城市化进程中的一些切面，我们面对的社会现实每天都在发生变化，今天老房子所在之处明天可能就会变成工地。翰林的创作为我们提供了城市的历史肖像，同时也是其对自然环境、社会发展的反思。

——春熙

C：春熙
W：王翰林

C: 你的《城市博物馆》关注城市和个人记忆，画面看起来很简洁。聊聊你的摄影经历和这个作品。
W: 首先，摄影是记录我的情感和记忆的一种工具；其次，它是我想做的艺术；最后，再去考虑美感。摄影更多的作用在于记录个人情绪吧。起初我并没有受到父辈、朋友或是大师的影响，走上摄影道路是缘于家中的一台索尼相机。它是父亲买来出差用的，结果父亲不常用，我倒是经常拿着玩。高中时我拿着它在上学、放学路上闲逛，尝试各种拍法，就是觉得好玩。记得有一年冬天，我在外面拍摄忘了时间，直到冻得后脑勺疼了才回家，第二天就感冒了，可以说这就是我对摄影的初体验!

C: 最近有什么新的项目?
W: 最近在做的项目可以说是我个人情感的延续，是对自己的梳理，是将摄影与个人成长经历和情感结合起来的产物，以摄影的方式去表达空间和时间的模糊与纠缠。因为父亲（父亲是一位军人）工作地点的变迁，导致我从小的生活空间不断转变。伴随着时间的流逝，我渐渐对儿时不断辗转的生活空间产生了模糊感，我对那段时间和空间有了一种想要看得更加真切的期盼。旧事、故地有时会出现在脑海里，同时又会让我的心隐隐作痛，所以我选择用摄影记录我的这些情感变化。这里面包含有历史、有回忆、有印象、有感觉、有思念、有怀旧，这一切都是情感与记忆交汇的结果。

C: 关于故乡?
W: "故乡"是我记忆中模糊的地方，我会回到出生的地方和从前生活过的地方，与以往相比，这次将更加注重我的个人情感。以往的作品可能通过发掘城市里那些奇怪的场景，通过点的记录达到中国大部分城市景观给人的普遍感受，更多的是客观的记录。之后我打算加入更多的个人情感和私人情绪，我想要区分的是拍摄对象，是印象中的空间，怎么表现记忆中的城市空间，而不是单纯的对"故乡"的思念。这种表现不仅仅是空间的记录，更是一种寻找记忆，想要看得更加真切的感觉，这将是我下一步要进行的。

C: 是要把目光投射在城市里，记录城市的变化和飞速发展?
W: 因为我对城市题材一直比较感兴趣，读大一的时候，从单纯地拍摄建筑美感到后来逐渐加入一些对城市变迁的个人见解，我的拍摄点就放在了城市景观上。

C: 比如关注城市空间?
W: 城市空间对我的影响一直很大，而我的成长其实就是伴随着城市空间的变换一路走来，这要从我的个人经历说起。我父亲是一名通信兵，年轻时经常要去很多城市接训新兵，加上还有一些军事任务，所以打我记事起，我便经常随母亲奔波于许多城市之间，经常转换生活空间，让我分不清自己生活在哪里。所以我那时就在想，到底什么是我的情感所在。我觉得这就是我的情感所在，所以我对城市空间变得很敏感。

C: 是否跟个人经验有关?
W: 小时候，我家住在建材市场里，向窗外望去，房前一大片空地上堆满了大体量的圆木桩，就像伐木场一样。圆木高大，四周杂草丛生，我和伙伴们在这里面捉迷藏、打枪战游戏。后来这里建起楼房，总是能勾起我很多回忆。

去年暑假我回老家日照，去了一趟母校，学校围墙仍在，但里面已被开发商建起了居民楼，校门也被拆了，我忍不住拍了下来。基于这些变化，我想把生活过的城市记录来下，把它们发生的变化记录下来。这些变化影响着我的内心，我的内心又激发我去拍摄那些城市里奇怪的变化，所以我拍下了这些突兀的城市景观。相比之下，这些与我息息相关的地方更实在，更能反映出我和我的生活环境。

C:《城市博物馆》有点新地形摄影和景观摄影的影子，谈谈你对拍摄主体的态度?
W: 我还是比较客观的，还是保持一种比较纪实的心态，不想干预我的眼前所见，尽可能客观呈现吧，但我又用主观感受来取景、构图。所以我觉得最终都是人为的产物，只要心中有"主体"，作品里也就有了"主体"。

C:《城市博物馆》是出于什么样的考虑拍摄的?
W: 据个人了解，"博物"作为一个词，最早出现在《山海经》里，它的意思是能辨识多种事物，"博物馆"的定义是征集、典藏、陈列和研究代表自然和人类文化遗产的实物的场所。《城市博物馆》这个作品的初衷就是想对城市中的景观进行陈列，我想通过博物馆这个主题，把城市像物品一样放到博物馆里进行展示，分而罗列我们朝夕相处的空间，博而涵盖城市里的各种景物，去发掘城市中能用来放在博物馆里供后人观看和思考的那些景观。

C: 你眼中的都市是什么样的?
W: 我没有具体的概念，我觉得那是城市规划者们的事，但我有我理想化的生活构想，就是远离城市，找个清净的地方，有个院子，闲时画画、拍照，有女人和狗，我现在还缺个院子……

C: 你认为与"城市"对应的应该是什么?
W: 应该是"人"吧，没有人就没有城市，没有人就没有建设，没有人就没有改变，没有人就没有那么多主观能动性的产物。

乐园

南湖公园

商场

沿海建筑

市民宠物

YANG

杨尚杰

1995年生于湖北宜昌

SHANGJIE

将镜头对准家乡的人有很多，杨尚杰应该足够庆幸自己是其中的一员。他把平淡和安宁保留在了自己拍摄的家乡影像之上，而这两种特质也是许多游子回到家乡的动力和福利，即便离开，也会因此再归来。有人将这样的往复比作“洄游”，周期性的环形运动或许滋养了一种习惯。拍摄的是变化，而渴望的却是某些不变的东西——当它们消失，就应该用游走和拍摄去寻回，哪怕仅仅是短暂的、精神层面的重逢。

——何博

H: 何博
Y: 杨尚杰

H: 这组作品中，摄影的方式是以“游走抓捕瞬间”为主，还是先前设定一些目标或者地域范围作为拍摄对象？为什么选择这种摄影方式？
Y: 主要以游走抓拍为主，但后期我可能会选择去一些我曾经生活过的地方拍摄。选择这样的方式是自然而然的，并没有事先规划。

H: “震撼的场面看多了往往会给人一种压力。于是我想通过我的影像，让故乡变得更安静、更梦幻，像襁褓中的婴儿。”如何理解你在作品阐述中的这句话？“震撼的场面”为什么会对你产生压力？将故乡比作襁褓中的婴儿，是否意味着对某些无法再回去的记忆的怀念？
Y: 这句话我觉得很容易理解吧，我想用这句话来比喻故乡所给予我的美好记忆都停留在孩提时期。虽然经历岁月的洗礼，景观和人一直都在变化并且逐渐逝去、离开，但我希望它们都不要离开，都可以被我一一找回。

我不想通过一些富有视觉冲击力的东西来刺激感官，我只想用平淡的看似不起眼的小物件让情绪弥漫在空气当中而不是画面之上。

H: 记忆是你创作这组作品的出发点吗？与其他创作手段相比，你认为用摄影来实现与记忆的对话有什么特殊之处？
Y: 我觉得摄影会有更多的疏离性和解读空间，当你看一幅静态的图像的时候，会有更多的思考和想象空间。

H: 你提到每次回家都会感受到家乡的“变化”。实际上，变化是一直存在着的，它与“记忆”在某种程度上是对立的。你如何在摄影作品中将两者及其关系具象化地呈现出来？
Y: 我没有刻意地呈现这两者的关系，更多的时候我是先拍摄再对照片进行选取、编排。当然，编辑的时候我会选择一些家乡的变化场景和一些我记忆当中的场景，比如那张在江边放烟火的少年的照片，其实看到他时我也看到了儿时的自己。

H: 在我看来，“回”或者“乡愁”是你这组作品的关键词，类似“洄游”性质的摄影实践，我们在木格（备注1）的作品中也有所体悟。木格的作品更多呈现了“人”的状态，那么你对镜头中“乡愁”的把握，更倾向于表现“人”还是景观？
Y: 我目前的作品还是呈现景和日常事物更多一点，但人是很重要的载体，后期可能会多拍些人。

H: 在中国当代摄影领域，摄影师对长江流域景观的表现非常频繁，例如颜长江（备注2）、肖萱安（备注3）、严明（备注4）、王远凌（备注5）等人都将镜头对准过长江及其周边区域，他们的摄影作品对你是否有影响？
Y: 会有影响，但他们更多的可能是对整个国家和长江流域的大书写，而我更多关注的是自身和家乡的关系。

H: 会拍其他地方的景观吗？拍摄家乡和外地，对你来说异同在哪？
Y: 会。家乡和外地的区别还是比较大吧。因为对家乡更了解，可能会更多融入自己的情感；对外地的情感可能没那么容易表现，也许相对客观一点吧。当然也有把家乡拍得很客观的，根据自己的需要来选择吧。

H: 你在不断返回家乡进行拍摄的同时，是否也在摸索适合自己的风格？这组作品里呈现出对不同风格的吸纳，现在是否找到了最适合表现“故乡”的摄影语言？
Y: 这个是有的。我觉得我之后可能会对日常事物和人感兴趣。至于最适合的，我想就是忠于自己内心的方式。我也乐意去尝试不同媒介的表达，表达方式是很重要的。

H: 你在大学是学生物学的。在你看来，同样都是借助镜头，通过显微镜和照相机来观察世界有什么不同？
Y: 我觉得本质上好像没有什么区别，都只是视觉的延伸，是对社会景观和我们生活环境的观看。只不过显微镜能让我们看到我们肉眼平时看不到的东西。

备注1：木格，1979年出生于重庆巫溪，目前生活和工作在成都。“回家”系列获得2011年荷兰FOAM摄影博物馆Foam Paul Huf世界100位摄影师提名、2012年美国Daylight photo评审委员奖；“尘”系列获得2012年大理国际影会“金翅鸟”最佳摄影师奖、2012年美国Hey Hot Shot摄影师奖，入围2013年PDN30名单。

备注2：颜长江，广东省梅县人，1968年生于湖北省秭归县，1990年毕业于武汉大学新闻系。现居广州，任《羊城晚报》编辑中心图片总监。

备注3：肖萱安，陕西省西安市人，1960年出生于武汉，大学本科学历，现就职于宜昌市群众艺术馆。中国摄影家协会会员、中国当代摄影协会会员、中国民俗摄影协会硕学会士、宜昌市摄影家协会副主席兼秘书长。

备注4：严明，生于安徽省蚌埠市，毕业于安徽淮南师范学院中文系。曾做过十年摇滚乐手，做过十年记者。2010年辞去公职，成为自由摄影师，现居广州。

备注5：王远凌，1980年生于重庆，毕业于西南师范大学汉语言文学专业。曾任《重庆时报》摄影记者，现为自由摄影师，居于重庆。

从离开故乡到外地求学的那一刻起，我的心就和故土的一切联系在了一起。在异地时间越长，对故土的情感也就越发浓厚。新闻中一有关于故乡的消息，我的心跳就会加速，呼吸也会变得急促。我的故乡是湖北宜昌，著名的“水电之都”。半年一回故土的人很容易发现故乡的变化，哪里又多了几处高楼，哪里又少了几亩耕地，哪里的房子又要被拆了，哪里的村庄又要因修建某条高速公路而被迫搬迁。这些直白的情景总会令人震撼和感叹，震撼的场面看多了往往会给人一种压力。于是我想通过我的影像，让故乡变得更安静、更梦幻，像襁褓中的婴儿，如那湍湍江水般慢慢渗入心田。希望这组关于故乡并带有儿时记忆与梦境的影像，能够呈现出那个永远藏在记忆深处的童年故土。

窗帘

被开辟的风景

燃烧的树枝

田野

父亲

奶奶的拐杖

长江

乡村夜晚

ZHANG XIAOYU

张笑宇

1992年生于成都
就职于新华社
2015年 获第十一届"华赛"优秀奖
2016年 参与新浪图片"拍照吧，少年"第三季
参加2016年"日常·遇见"——中外青年摄影师作品联展

对他而言，影像仿佛一个个被定格的梦境，他希望给观者带来一丝安宁。忘记世俗的喧嚣，幻想着可以以此弥补在他生命里缺失的童年。他让我们看到的，犹如一个盛大节日活动的惨淡收场。无能为力的事情在生活中还有很多，于是心存侥幸地假装冷淡、克制、疏离。童年不告而别，游乐场和梦境是不可能再次拥有的美好。我们从来都是一无所有，所以我们什么也没失去过。

——黎光波

L: 黎光波
Z: 张笑宇

L: 听说《构造童年》这组作品拍了很多年，拍了很多地方，也编辑了很多次。讲讲你这组作品的创作由来吧。
Z: 最开始我在成都新华公园拍了一张照片，这张照片很打动我。我觉得挺好的，就想继续把这种感觉记录下来，其实动机很简单。

L: 为什么围绕游乐场拍摄?
Z: 起初主要是因为感觉自己太不自由了，小时候被逼着学奥数，感觉挺缺失童年乐趣的吧，所以比较关注童年乐趣。拍第一张的时候挺“扎心”的，拍完之后我就记住了这种感觉，也想让大家知道我的这一种感觉就是我的初衷。

L: 你说童年在你记忆中是缺失的?
Z: 我的童年就在不停地上课，学奥数，参加各种培训班，比如书法班、跆拳道班，还有校队训练，基本上没有玩的时间。所以很多童年该有的东西都只能存在于一种幻想中吧。

L: 很多关于童年的本来应该很欢快的场景，在你的作品中都有一种盛大狂欢后惨淡收场的感觉，《胡桃夹子》这张照片极其明显(见图片部分注1)。
Z: 这张照片其实拍于我在扬州录制“拍照吧，少年”的时候。有一天午休时间，我一个人去外面转转，偶然发现这个地方全是这样的胡桃夹子，很符合我想要的那种感觉。期间还在这里拍了很多其他的照片，但随着这组作品越拍越多，我慢慢发现这种感觉对这组照片来说是一种局限，这种局限导致我对这组作品的不赞同及它的同质化。

L: 是不是因为你的这种感受，所以你暂停拍摄这组作品?
Z: 嗯，是的。这些作品的时间跨度差不多超过两年，很多城市的游乐园我都去过了。走了许多地方之后，我发现许多游乐园的设施基本一样，越看越麻木，开始觉得有点无聊了，所以我就暂时停止了这个项目。

L: 你的拍摄风格偏纪实，处于一种比较严谨的状态，但其中一小部分照片又从纪实转换到了一个梦境的状态。
Z: 拍摄的时候更想追求比较单一的画面，自己一直在拍纪实风格的作品，所以骨子里有一些纪实摄影的想法，但又希望拍到自己想要的梦幻感觉，所以在纪实和非纪实间游离不定。最初对作品做了一个观念的预设，所以照片的调性非常单一，容易走入“死胡同”，我觉得不是很好。

L: 观念摄影是先做一个预设再进行拍照创作，观念在前行动在后。在实践创作中，我对你产生的这种质疑比较好奇。
Z: 我不是特别同意这个说法。不同于现代艺术强调形式主义，当代艺术的确更加强调观念，但这并不代表观念先行。观念先行的确能让我们更高效地拍到自己想要的东西，但拍到最后会发现这条路越走越窄。

L: 后期的拍摄项目，你会怎么去掉你认为的“同质化”，对自己有什么期待?
Z: 一方面，跳出这种形式，寻找一些更深刻的东西；另一方面，思路再开阔一点。“欢愉之地”不仅仅是游乐园，也可以是一种心境。

L: 你觉得《构造童年》所引发的思考是什么? 对自己和外界意味着什么?
Z: 我觉得最主要的还是自我的一种反思。拍摄中我慢慢了解了我爱拍什么，自己是什么样的人。对外界的一些思考性的东西，我希望能在未来的第二个拍摄阶段将其拍出来，这也是我把《丢失的欢愉地》改名为《构造童年》的原因，我觉得这是一个阶段的延续吧。当然，对外界来说，他们看见这些照片能有所感觉，我就非常开心了。

L: 在大众摄影普及的情况下，很多人认为摄影更像是随手一拍的伪装艺术。是什么样的契机让你开始对摄影本质进行一些思考?
Z: 大概是我有喜新厌旧和不断否定的习惯吧。一种题材拍多了就会觉得腻了，就会寻找突破口。同时也会不停地问自己，为什么要这么拍，能不能更深刻一些。到目前为止，我的摄影道路大概经历了三个阶段：第一个阶段只考虑器材和画质；第二个阶段是大三暑假在新华社实习，那时候突然觉得摄影之外的东西更难；第三个阶段是读研究生，开始主动学习一些理论知识，更重要的是摄影之外的文学、哲学。

L: 我想听听你对摄影的看法。
Z: “定义”虽然追求准确，但不追求主观真实。现在我认为摄影和我的呼吸、眨眼一样，是我生命中的一部分。我们总是活在“现在”的一瞬间，而拍下的已经成了历史。但正是因为摄影，我们赋予了“过去”一个特定的意义——不管以后看着是否觉得有意义——活着。另外，每个人都有自己的痛苦，特别是文化工作者貌似对痛苦的感受更加敏感。摄影是我的一个寻找过程，现实中存在着许多痛苦，我不断地在拍摄中寻找安宁和平静。这让我很矛盾，因为一方面我竭力避免痛苦，但另一方面我却需要痛苦给我带来不断寻找的动力。现实社会的每个人都会痛苦，我希望我的作品能给别人带来平静的梦境，让他们暂时忘记烦恼，得到一刻安宁。然而我很怕“郭敬明式”的痛苦，我明白有些痛苦相对于生离死别真的只是小小的忧愁。我需要自己更多地去看、去感受，不断增加自己的阅历，所以我加入了摄影记者这个行列，希望自己的作品能更深刻一点吧，毕竟自己现在还太年轻，对很多东西的理解太浅了。

构造童年·2014—2017

真正的童真到底是什么样的？实际上并没有纯粹的童真吧。童年是被成年人制造的：儿童被那些模仿成人世界的火箭、挖掘机、飞机等玩具包围。

儿童的天性是不变的，但随着社会的发展，成人制造的童年也在变化。社会压力越来越大，人们总在寻找减压的途径，这个巨大的市场导致了儿童乐园的变化。

我在中国各地行走，记录那些传统的儿童乐园和被遗弃的玩具，去追忆我小时候——那个还算宁静的时代，同时去寻找遗失的童真。

注1

Z O U

HUAJUN

邹华君

1995年生于山东
现居西安
木科在读
参加2016年中国平遥国际摄影大展

在成长中，我们不自觉地跟随自己喜欢的人的影子走。在这个过程中，用自己的方式表达对社会的看法。这看起来对周遭有很多埋怨，实则是认知体系完善必经的过程。还好，在超现实和最现实之间，用真实的态度在生活。

——黎光波

L: 黎光波
Z: 邹华君

L:《最现实》这组作品你想表达什么?
Z: 我想表达真实中的超现实，超现实中的最现实。而至于这个最现实的东西只与我自己有关。

L: 这组作品的创作周期是多久?
Z: 大概三年左右。

L: 为什么会取这样一个名字? 有特殊含义?
Z: 可能是我对人的一种探索吧，其实这个题目和以前做的两组作品讨论的本质是相同的，就是人到底是怎么回事儿。说的哲学点儿就是我们是谁，从哪儿来，到哪儿去。

L: 拍摄的地点有哪些?
Z: 比如学校的宿舍通道，比如一个平常的小村子里，再比如正在施工的羊肠小道、马路的拐角、废弃的工厂等很多平时看上去不起眼的地方，都有可能会隐藏惊喜。

L: 这组作品你主要想表达一个什么样的故事?
Z: 应该是一个与我们正常认知下的现实呈逆否命题的故事。

L: 比如?
Z: 这个故事我没有刻意地去讲述，我在等它与我不经意的遇见，就像拍摄的时候没有刻意去寻找一些符号式的景象一样。拍摄的时候就是漫无目的地走，去一些自己不熟悉的地方，去等待一个打动我的景象，然后我就最简单地把它记录下来，没曾想到最后竟变成了一段“故事”。

L: 这些地方和你的生活经历有什么关系呢?
Z: 确切地说，这些地点在一定程度上与我有关，也无关。因为每次的地点都是陌生的，我并不属于任何一个环境，我只是把自己作为一个观察者，放在那个环境当中，去寻找一些我自己潜意识中有某种认同的景象。主观上的无关，解释不清客观上的暧昧，我很难解释这和我的生活经历有什么关系，但我很喜欢这种感觉。在这种拍摄过程中，我才会觉得生活是真实的，才能短暂地逃离普罗大众认识中的现实。

L: 在通过摄影寻找的过程中，这些画面你在用怎样的思考方式进行截取?
Z: 其实我没有过多的去思考。(笑)

L: 那这些画面是怎样选取的呢? 因为真实和虚假的矛盾感?
Z: 很重要的一个原因，就是首先它要感动我，那个瞬间，让我要有一种必须记录的冲动。其实我自己很排斥那种把一切元素都想好再进行拍摄的方式，虽然这也会拍出来有趣的东西，但是那种有趣又重新建立在了瞬间的“布置”上，当很多主观因素参与“布置”那就不好玩儿了，而且与我个人与现场的遇见似乎非常冲突，所以我不采用那种方式。第二个问题，荒诞感是存在的，但我不觉得虚假，而且我并没有刻意让它荒诞起来，这就是事物本身的样子，以至于真实的有些让人发指。

L: 说到布置，你觉得这一作品和以前可以布置的作品有什么区别?
Z: 可能视角更加客观一些，少了一些主观的个人因素。这组作品和以前的摄影语言和表达方式都很不一样。我并不是在否认布置这种方式，因为布置的作品也很棒，比如蔡东东(备注1)的作品，但在那之前可能必须先要理性地观看才能再去布置。我觉得这两种方式都好，我都喜欢。

L: 嗯，这组作品的图像语言很符合当下流行的摄影视角。
Z: 我更偏向是当代作品。其实当代艺术最大的功劳就是已经打破了所有艺术种类的隔阂，特别是摄影。一幅作品在当下很难界定它到底是属于当代，还是纪实，或者是新锐。我认为新锐只是一个概念。对于我的作品我的解读可能是，来自森山大道的画面感觉、严明的体验方式、冯立的闪光灯，加上一点点我自己想说的话，所以我自己也不是很新，能在一定程度上发声，对我来说就够了。就像严明说过:“似我者死，学我者生。”我觉得这句话对新锐的表述就很准确。

L: 那你觉得图像本身和思想哪一个重要?
Z: 思想。思想一定是在图片之前先去体验的，图像可以做思想的表达媒介，但思想绝对不能被图像绑架。个人观点。

L: 你现在对以后的摄影有没有什么规划?
Z: 首先摄影会一直做下去，至少我对摄影没有任何不适的感觉。然后我会去接触更多的人，看更多的事。拍的东西会不再按照那种直白画面去叙述了，想让观者能在我的作品里看到他们自己，和他们自己的故事。

备注1: 蔡东东，1978年出生于甘肃省天水市，1996年入伍，2002年就学于北京电影学院，2010年获得意大利“第三届特尔纳当代艺术奖”一等奖。

出入平安

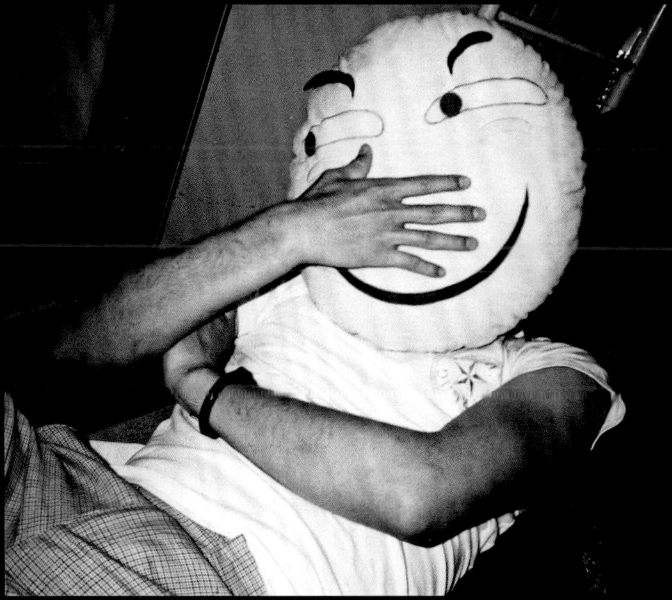

火山
火山

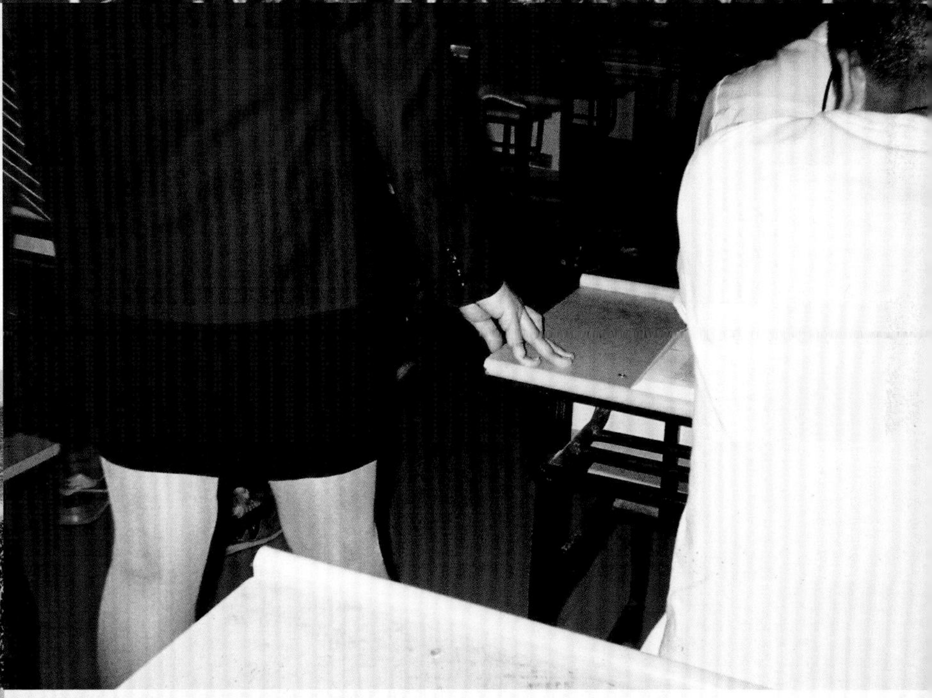

自然生长

百名85后中国摄影师
个案剖析

Analysis of Personal Cases of 100 Chinese Post-85s Photographers
from Natural Growth

自我

SELF

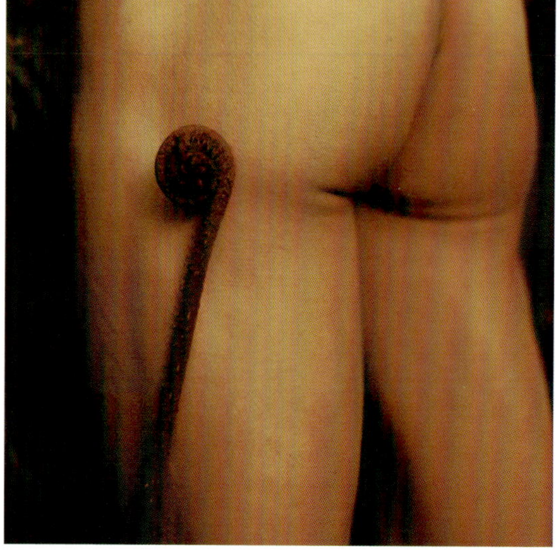

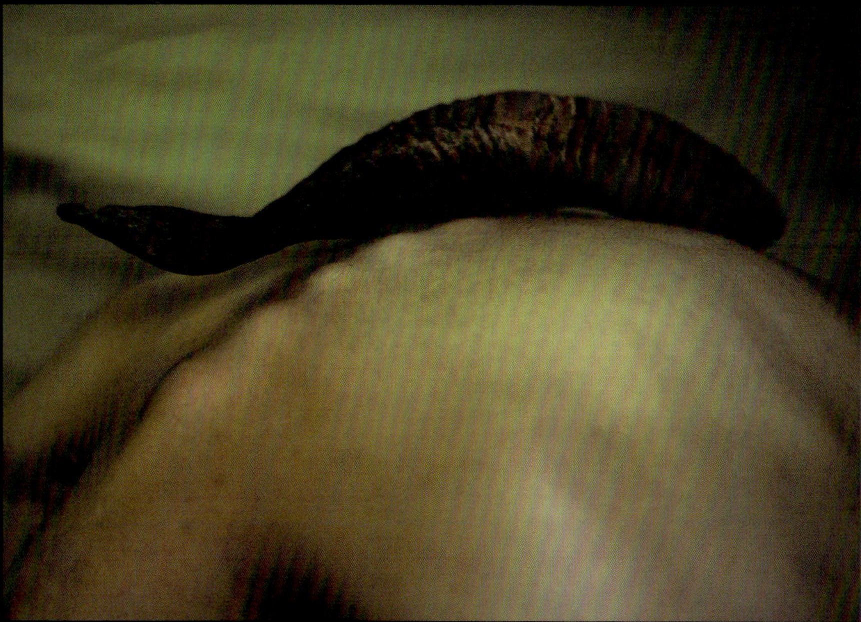

CUI ZHAO

崔钊

1985年生丁北京
2013年参加沈阳关爱自闭症儿童艺术展览
2013年获鲁迅美术学院首届摄影大赛观念类优秀大奖
2014年参与制作的视频《拆铁丝》入选全国美展和北京独立影像展
2014年6月参加鲁迅美术学院摄影系毕业展
2015年参与制作的视频《拆铁丝》参加美国新媒体影像展览
2015年1月参加上海M50新锐群展

作品《建筑之上》建立在对摄影的怀疑和思辨之上，是作者对摄影的反思。“太阳底下无新事”，他却有不同的思考方式，跳出影像来思考摄影媒介本身的意义也许会有惊喜。儿时的经验让作者思考城市里越来越高的天际线，通过手工制作来确认生活的时空，是实验和探索，也是一种浪漫的怀疑。

——春熙

C:春熙
c :崔钊

C:《建筑之上》拍摄的天空“空无一物”，看起来更有哲学意味，像是沃尔夫冈·提尔曼斯（备注1）或者杉本博司（备注2）的抽象摄影，他们的作品对你有没有影响？

c:《建筑之上》是用大画幅相机拍摄的沈阳的天空，它最早的灵感其实来源于沃尔夫冈·提尔曼斯和杉本博司。作为摄影系的学生，我一直在思考我对摄影的认知，我希望找到摄影这种语言本质的原点——光，然后衍生出时间和空间的概念，这就像核裂变一样，从时间和空间又可以衍生出其他的社会性话题——消费社会等。我采用4×5反转片拍摄，赛天使扫描仪扫描，艺术微喷。

C: 你是摄影专业出身，目前也从事这方面的工作。你认为什么是摄影？摄影对你来说意味着什么？

c: 我觉得摄影是我视觉和记忆的延伸，因为我总是会拍很多后再去冲洗照片，然后再去扫描或者印放，我在重新观看这些影像的时候会回忆起当时的情景。摄影对我来说是一种观察和表达方式，就跟走路和吃饭一样平常吧。

C: 隐去建筑的天空跟随手拍的天空差别在哪？文字作为辅助说明是否足够有说服力？谈谈你对天空的理解。

c: 我觉得两者的差别在于不同的观察方式，我喜欢多样化的尝试。文字，我觉得是一种资料的补充，其实它更像是一种仪式感。在我很小的时候，夏天的晚上我会躺在院子里，边看星星边等父亲下班。天空对我来说是神秘的、无穷的，我时常会想地球之外会是怎样的景象。

C:《建筑之上》展示的是看似无差别的天空，那建筑之下的城市与空间对你来说意味着什么？谈谈你对城市空间的理解。

c: 这就是我的另一组作品《彷徨》的视觉感受。城市越来越大，但我的内心却越来越惶恐，我看不到自然的痕迹，我看到的都是人的痕迹。因为我从小在乡村长大，从某种意义上讲，城市化的空间让我对过往的记忆越来越模糊。

C: 你认为当下的摄影应该是什么样的？

c: 我个人觉得摄影是一种个性的观察和表达的方式，我们应该拥有自己的观念和表达，而不是跟随所谓的某种“潮流”。就像我曾经写的，现在很多人都在试图建立一种摄影崇拜，建立自己的话语权。所以，希望有实验性的、探索性的摄影。

C:《指月录》中的“禅师指月”，慧能的回答喻示佛性才是明月的根本，你认为什么是摄影的根本？

c: 我个人觉得思考性是当下摄影的一个根本，就像“禅师指月”一样，我们总会迷失在繁杂的图片世界里，忘记我们最初创作影像的意义。

C: 从1858年12月纳达尔在热气球上拍摄巴黎市的风光到现在各种航拍器材不断涌现，人们在用不一样的角度和视野审视自己的生活空间。我们到底能从空中看到什么？你在建筑之上看到了什么？

c: 我觉得我们看不到什么，因为我们改造地球表面的过程从未停止过，地表的改变也从未停止过，我们得到的只是须臾间的影像，它们只会让我们更加懂得我们自身的渺小。我在建筑之上看到的只是一种蓝色，一种无限大。

C: 你认为黑白的天空和蓝色的天空有什么区别？有没有想过用黑白的方式创作？人们通常认为黑白更有力度、更有哲学意味，而彩色则没有陌生感。

c: 我要探讨的是摄影的原点——光，色彩是它本身的一种特质。我探讨的是一个很具体的问题，它离我们很近，也很现实，所以我不需要黑白画面的那种陌生感和抽离感。

备注1：沃尔夫冈·提尔曼斯，德国艺术家，当代最具影响力的摄影艺术家之一，他极大地改变了摄影在拍摄、制作和观看上的规则。

备注2：杉本博司，出生于日本东京，从小接受西方油画艺术教育，在美国留学，著名摄影师、艺术家。他对日本古典美术、建筑、文学、历史的造诣很深。

天空，顾名思义，空无一物，它原本是摄影的一个忌讳，因为传统意义上的摄影是对存在事物的复制，而我拍摄天空的最初灵感来源于禅宗的“禅师指月”。

“禅师指月”出自《指月录》，源于六祖慧能与无尽藏尼对话的一个典故。无尽藏尼对慧能说：“你连一个字都不认识，怎谈得上解释经典呢？”慧能回答：“真理是与文字无关的，真理好像天上的明月，而文字只是指月的手指，手指可以指出明月的所在，但手指并不是明月。”喻示文字所记载的佛法经文都只是指月的手指，只有佛性才是明月的根本。这个典故让我联想到了20世纪50年代西方艺术家约翰·凯奇的《4分33秒》，什么是音乐？音乐是人听到的声音还是声音使人内心产生的感受？声音好比“指月之手”，而人内心深处的感受才是明月所在。我用4×5相机和胶片的化学反应来讨论天空，用那类似克莱因蓝的色彩来表现指月之手。天空，每个人对它的内心感受是大不相同的，或是广阔的，或是自由的，或是孤寂的，或是纯净的。

《建筑之上》这个名字源自鲍德里亚的《消费社会》。

人类从原始的洞穴走到平原，来到大自然的广阔空间里，开始建造建筑，建筑成为庇护自己的人为空间。人类在得到庇护的同时，也隔绝了人和天空的空间联系。在建筑里的人每每抬头仰望，却只能看到那狭小建筑的顶端。

在高度城市化的现在，人已经完全生存在了灰色的建筑森林里，抬头仰望天空，只有那一丝一缕的蓝灰色，人已经被建筑完全禁锢了，失去了和天空亲密接触的机会。

天空是广阔的、自由的象征。人忘记了曾经对自由的渴望，忘记了建筑之上的那种宽广。在美术馆里，在办公楼里，在各个人造的建筑空间里，我们不会知道我们头顶上的天空现在是什么样子，我们已经被各种各样的人造建筑禁锢了。站在建筑的顶端，可以张开双臂去感受上方天空的那份广阔，可以去呼吸自己在建筑里所无法感受到的自由，可以去观看那神秘的纯净的蓝色。我用4×5相机在建筑之上垂直记录了那个宽广、自由、神秘的蓝色。希望能够通过这种蓝色去重新唤醒每个人内心深处对自由的渴望。站在或者坐在建筑空间里的时候，希望大家可以想象一下头顶的那片天空，那份广阔的、自由的蓝色。

回到摄影的本质，自由的光，自由的蓝色。

F A N G

X U M I N

房旭敏

1987年生于广东
职业人像摄影师、网易LOFTER资深手机摄影师、图虫网资深人像摄影师
现代摄影网“感光100计划”摄影师之一
2015年获“绽放青春时刻”数字尾巴×京东摄影大赛优胜奖
2016年参加第16届中国平遥国际摄影大展
2017年第一季度“索尼青年摄影师发展计划”成员之一
曾被《Lens》、《人像摄影》等影像杂志和现代摄影网、数字尾巴、摄影私塾、旅拍志等网络平台采访、报道

年轻的职业摄影师在当下如何生存、如何权衡摄影和生活之间的关系，这是我目前比较关心的问题。房旭敏对摄影和生活区分得比较清楚，一边做着维持生计的事情，一边拍摄满足自己内心追求的照片。理想和生活互不打扰。

——黎光波

L: 黎光波
F: 房旭敏

L: 你现在从事什么工作?
F: 之前是独立摄影师，现在和搭档一起开了一家工作室。

L: 现在主要拍摄一些写真?
F: 各种写真、婚庆照、孕妇照、亲子照，毕竟现在生活收入主要来源于摄影，但还是喜欢拍自己内心喜欢的作品。

L:《你从远方走来》这组作品里的影像都是这几年拍摄的吗?
F: 对，都是这一两年在各种场景中拍摄的照片，挑选出来后进行再整理。

L: 为什么会整合成“你从远方走来”这样一个主题?
F: 喜欢表达一种孤独又安宁的画面，想探讨个体和自然、个体和群体的关系，孤寂是喧哗的一种对立面。我认为在这种抽离的画面中，画中人都是为了寻找远方而驻足于此的。

L: 你怎么理解远方?
F: 一种是地理位置上的远方，离我们居住地很远的地方；另一种是心目中的远方，没有很清晰的目的地，想逃离现实生活的一个心灵归宿地；还有一种是不熟悉的地方，都可以统称为远方吧。正因为“远方”有这么多的延伸，所以从“远方”走来的你对观众来说有更多的未知。

L:“你”在这里指的是谁?
F: 可以是观者，也可以是画中人，我想让他们进行一场无言的交流。

L: 什么样的一种交流呢? 围绕什么话题?
F: 还是围绕画面中的色彩、物件和人物所营造出来的一种整体氛围。我想如果观者觉得这是一幅美的画面的话，看久了会感受到其中的话语，也可以和自己心里所想的联想在一起。每个观者都有自己的感受、自己的话题。

L: 这就是你想说的话?
F: 是，有一些图片会有一点山河故人的感觉，又像一个外乡人在观察陌生的环境，或者曾经熟悉的地方不再熟悉，那种情绪都藏在了看不到的脸孔里。我是这一刻的记录者，其实我没有带着任何感情色彩去拍，只是想呈现这个画面让观者自己去感受。

L: 你想通过这些画面表达什么?
F: 其实作为职业摄影师，我还是会有点职业习惯的，会强调规则构图和各种形式的美感。我的照片并不够随性，很多带有刻意的手法，但这也许是我的特色所在，尽量保持形式的同时又不会太刻意用很多的笔墨去渲染不自然的美感。我也是社会的一员，我感觉目前处于互联网时代的中国社会显得比较浮躁，我希望这些画面能让观者暂时抛开浮躁，宁静片刻。我自己也很浮躁啊，是个性子很急的人，拍照的速度也很快，但很奇妙的是，几乎每个人都说我拍出来的照片似乎都把浮躁外壳下的自己剥离了出来，呈现出自己真正安静、美好的内心。有时候，站着不说话就很美好。

L: 这和你性格有关系?
F: 对，我是先斯文，后急躁，最后又归于斯文、安静，而且喜欢独处。

L: 成为职业摄影师之前和之后，对摄影的心态有没有什么改变? 比如赚钱?
F: 嗯，赚到了钱，目前还处于事业开拓的上升阶段。成为职业摄影师后心态肯定有所改变，自己喜欢拍的照片比较少，多数是为客户拍片，但只要有时间、有想法，我都会努力找时间去实现自己的影像价值。

L: 你是怎么平衡事业和爱好的? 还是说目前还没找到一个好的平衡点?
F: 还好吧，我觉得一个月能有一两次拍出自己喜欢的作品就很知足了。在给客人拍照的时候，遇到合适的机会我也会邀请客人让我尝试拍摄一些特别的画面。

L:“远方”岂不是在这样的过程中距离更远?
F: 目前纯艺术摄影和商业摄影肯定无法兼得，只能在博弈中寻找平衡和妥协了。

L: 未来的规划是什么?
F: 我目前的角色既是主力摄影师又是合伙人。未来的摄影规划就是希望工作室步入正轨，然后能抽出身来做管理，继续潜下心来拍摄有自己想法的东西。希望每年都有一个主要的创作主题，我还是更喜欢艺术性的东西。自己不是科班出身，所以要多学习、多看书、多长进吧。

在雾里

在梦里

在晨曦里

在夕阳里

在远方里

一直等你向我走来

HE QING

何青

1994年生于湖北武汉
武汉传媒学院摄影系教师
参加2016年中国平遥国际摄影大展
入选平遥国际摄影大展青年策展人培养计划

当文字不能完全将我们想让他人看到的世界分享出来的时候，摄影便成了我们的语言。但在这样的情况下，感觉想让你听见的东西过于苍白无力，又开始用文字来进行自我表达。摄影和文字的话语权一直在一个时间的天平上，彼此失衡，彼此共存。

——黎光波

L：黎光波
H：何青

L： 你当初为什么会去拍摄《时间剧场》这样一组作品？
H： 这是我的毕业作品，是对大学四年的总结，我肯定要做一个自己非常感兴趣的话题，这个话题就是“时间”。其实我从大二的时候就开始拍了，那个时候还在摸索，到了大学最后一年的时候，我就把它们结合起来。

L： 关于《时间剧场》这个名字，我曾经看过一个关于你的访谈。你说在电脑上输入“sj”（“时间”的拼音首字母），就会出现“世界”、“神经”、“睡觉”、“视觉”、“瞬间”、“收集”、“世纪”、“社交”这些词。
H： 我当时投机取巧，不知道怎么解释时间，因为它包含的东西太多了，有我们过去的记忆，也有我们对生活的感悟，因为它本来就是一个很平淡的概念，所以我输入了这个词。时间在生活中是一个很平常的东西，但因为我们的记忆而变得丰富。

L： 你一直在强调时间，《时间剧场》这组作品一共分成了三幕：第一幕《飞光集》，第二幕《我们也是星辰》，第三幕《双生的伴谬》。你一直在给观者提出一个时间的概念，那么时间在你生命中的意义又是什么？
H： 我觉得有趣的地方是它是往前走的，不能后退，不能停止，也没有任何可以后悔的余地，所以你做的每一件事情都不可逆，这样就很有意思。

L： 你对时间的大概念或者自我感受是什么？
H： 它很矛盾吧，我们一起度过同一分钟，但我可能觉得过得很快，而你觉得很慢，这是为什么呢？这就是它的迷人之处了，它对每个人都是一样公平的，但实际上对每个人又都是不同的。

L： 你说你深爱这个世界，那么你爱这个世界的什么东西呢？
H： 我爱的东西太多了，我爱教书，然后还可以创作自己的作品。

L： 这组作品的形式是对应的照片配一首你专门写的诗，对吧？
H： 对，其实图片跟诗是联系在一起的，我最开始想要的效果就像《飞光集》，配的诗是对时光的回忆。不管诗也好，照片也好，它都是有情节的内容。想写的是对时间的挽留，但实际上时间是留不住的，我想收藏它们，但它们都会归于尘土，最后我们也是尘土的一部分。

L：《故事》这首诗想表达什么？
H： 这首诗是我无聊的时候写的，当时觉得比较好玩儿的是“一”这个字，“一”是开始也是结束嘛，连在一起，就变成一个很有趣的轮回。这个故事讲述的是从认识一个人开始，到爱上他，到分手，成了“一场大梦”，就用“一曲阳关”作为一首歌好好送别吧。你来，不管多大的风雨我都去接你；你走，那我只能这样送你。

L：《飞光集》想表达的是爱情从遇见到最终还是

一个人，我可以这样理解吗?
H: 可以，作品就是给大家解读的。

L: 你在这里面谈到的爱情是那段五年初恋的感情吗?
H: 我觉得有一定影响，毕竟这段恋情对我的影响很大，让我成长了很多，学到了很多。谢谢时间。

L: 第二幕《我们也是星辰》是一段52秒的黑白影像，为什么将这个视频素材放在第二幕?
H: 因为我认为时间是流动的，而照片是静止的，我想试着用一种动态的影像来表现时间的动态感。我之前想了很多办法，比如拍一段循环的视频，或者剪一段类似电影的轮回的场景，但效果都不是特别好。最后我还是选择自己拍，在家把灯都关掉，拉上窗帘，用一盏探射灯在墙面上投射光点，从无到有，从一个变成两个，然后融合到一起，最后渐隐，消失。上帝造人的时候从男人身上取下一根肋骨变成女人，开始只有一个人，然后变成了两个，最后他们相互交融，从两个变成了一个。

L: 第三幕主要讲相对论吗?
H: 第三幕《双生的佯谬》来自于狭义相对论。当一对双胞胎中的一个人乘坐太空船以接近光速的速度离开地球前进，那么他将会比留在地球上的另一个人年轻一些；但若从完全相对的角度来说，这个人在运动时，他的兄弟(姐妹)也在运动。那么究竟哪个更老一些？他们的时间还是相同的吗？所以在第三幕里，时间是个充满悖论和未知的谜题。

L: 世界在这里代表着黑暗吗?
H: 也不能这么说。我觉得黑暗的尽头是一个虚无的世界。《所有虚无都不值一提》和《卡比利亚之夜》这两首诗的感觉比较相似，它们都和电影有点关系。《所有虚无都不值一提》来自于《都灵之马》，我当时写《卡比利亚之夜》这首诗的时候还没有看同名电影，看了同名电影之后，感觉我写的诗跟这部电影的感觉很像，所以我就把电影的名字放进了诗里。艺术是相通的，真好。

L: 你用了两首一直在强调虚无、强调孤独的诗，配了一些在这样一个世界里两个相对立的个体找到相同点的画面，比如《同卵双胞胎》、《同年同月同日生1》、《同年同月同日生2》、《异卵双胞胎》。为什么会将生命的时间、生命的诞生这样相对应的东西和虚无孤独的诗歌放在一起?
H: 其实最后落脚点还是人，因为我们活在这个世界上，必须去经历孤独和欢喜、落寞和重逢。双胞胎对我来说是一个很有趣的组合，虽然他们是同时出生的，但他们的生活轨迹和性格完全不同，这是怎样的一种差异性？他们能比我们更理解彼此吗?因此我拍了双胞胎。把他们跟诗放在一起，有孤独的一面，也有心有灵犀的一面，孤独是很正常的，这个要观者自己去理解。

L: 看完这三幕，就像在剧场里通过简简单单的文字理解了时间片刻，生命、时光的概念很轻松地融进画面，但看完之后有一点压抑。生命的开始到生命的结束，个体的开始到个体的结束，爱情的开始到爱情的结束，你做了一个很自我、很轻松的总结。我记得你说过你喜欢张国荣，其实看了你的作品之后再回顾张国荣的一生和电影作品，感觉很相似。
H: 哈哈，我真的很喜欢张国荣，他是一个好人。

L: 你最喜欢张国荣的哪部作品?
H: 当然是《春光乍泄》，我觉得他演得太好了，就是有一点孩子气，很可爱，因为他就是这样的人。

L: 我当时看到《时间剧场》这个名字的时候特别纳闷，为什么取这个名字，但整个作品看下来之后，忧郁感由内而发。你将图片与诗、动态影像放在一起，表达对时间、生命、爱情、自然的理解，你怎么权衡它们之间的关系?
H: 这个话题好大哦，人可能一生就是这个样子，不管爱情也好，生命也好，从小到大要经历很多事情，你才能成长为一个“不动声色”的大人。摄影就是一种表达方式，它可以让你谈谈自己的感情，有时候你可能需要通过拍照这种方式来抒发自己“无处安放”的情感，有时候你也可以通过写诗的方式抒发。其实只是媒介不同，重要的还是你想要表达的内容。

L: 对你来说，诗歌和摄影哪一个更重要?
H: 我更喜欢诗歌一些吧，因为文字给人的想象空间更大，比图像大，而且也比较内敛。

L: 我可不可以理解为图像其实是将你的诗歌视觉化的一个体现。
H: 对，可以这么说。

L:《时间剧场》是去年拍的一组作品，你对今后的创作有没有一些新的想法?
H: 我本来打算深入拍摄“时间”这个话题，但过了一年，我又不太想继续创作了，所以先保持一段距离。我的下一组作品应该跟我现在的生活有关，包括我的大学同事，还有我的学生和他们的大学生活，我要冲击一下“映·纪实”摄影奖。学生很年轻，我身边的很多同事也都很年轻，大家的年龄差距不大，这种关系跟以前的师生关系不太一样，比较有意思。

L: 在当摄影老师之前和之后，你对摄影的理解有什么变化?
H: 在当老师之前，我对摄影没那么多想法，觉得观念好就够了。当老师之后，因为我很喜欢备课，每次都想讲不一样的内容，所以把以前没认真了解的老摄影师都认真地了解了一遍，终于发现图像语言是很重要的，再深刻的念想也得依托于视觉语言，不然就会沦于“假大空”。我以前不是一个常拍照的人，后来我做了反思，以后要多拍照，要不断地训练。

L: 如果有两个身份给你选择，摄影师和看图片的人，你内心更倾向于哪一个?
H: 偷懒的我偏向于做一个看图片的人，实际上我还是想做一个摄影师，去表达和分享。

L: 但你刚才说过，图片和诗歌存在于你的生命中，你觉得诗歌更能完整地表达、表现自己。
H: 对啊，但我并不会放弃摄影。它们要融合在一起才能够表达，就像我现在这组作品一样，图片和诗歌，还有视频、装置，它们结合在一起才是我想要的，当代艺术的特征就是包容、多元和自由。

“时间”是一个哲学概念，也是物理学中的一个基本概念。它是抽象的、有规律的，但也有学者认为它是不存在的，它不过是人类认知的一种错觉。对时间的讨论永无休止，也没有标准答案。于我而言，这种难以界定的性质正是“时间”有意思的地方。

《时间剧场》里上演了三幕与时间有关的戏，第一幕：“时间”是什么？第二幕：它有规律、有终点吗？第三幕：它是绝对唯一的存在吗？在这里，我使用了摄影、录像、文本等多种媒介。我无意去获得宇宙间的终极真理，但热情于这种不自量力的对“时间”的诗意探寻，而这恰好也是艺术的迷人之处。

第一幕：飞光集

时光博物馆

经过一个清晨
经过一道黄昏
经过岁月的草长莺飞
和一位充满秘密的男人
他唱着古老的歌
歌颂的是离去的情人
和那天的余温

又经过一段干柴与烈火
经过一个漫长的吻
经过时间的油尽灯枯
和一座无声的小屋
勤劳的女人在缝补
那是亡夫的遗物
今天试图留下的
终有一天会归于尘土

故事

一表人才
一见如故
一波三折
一往情深
一朝一夕
一叶障目
一日不见
一叶知秋
一言难尽
一去不返
一场大梦
一曲阳关

你要如何向我描述时间

你要如何向我描述时间
描述十年前的旧梦 和昨天地早安吻
谁惹哭了小女孩
谁手足无措
谁又若无其事地跑开

你要如何向我描述时间
描述海边的飞鸟 男孩和男孩
他们的影子重叠
又融化在风里
像一个还未遇到的人

你要如何向我描述时间
描述斗转星移
描述当下和别离
思念短暂 现在漫长
你是我要找的好人吗
那就再醉一回吧

第二幕：我们也是星辰

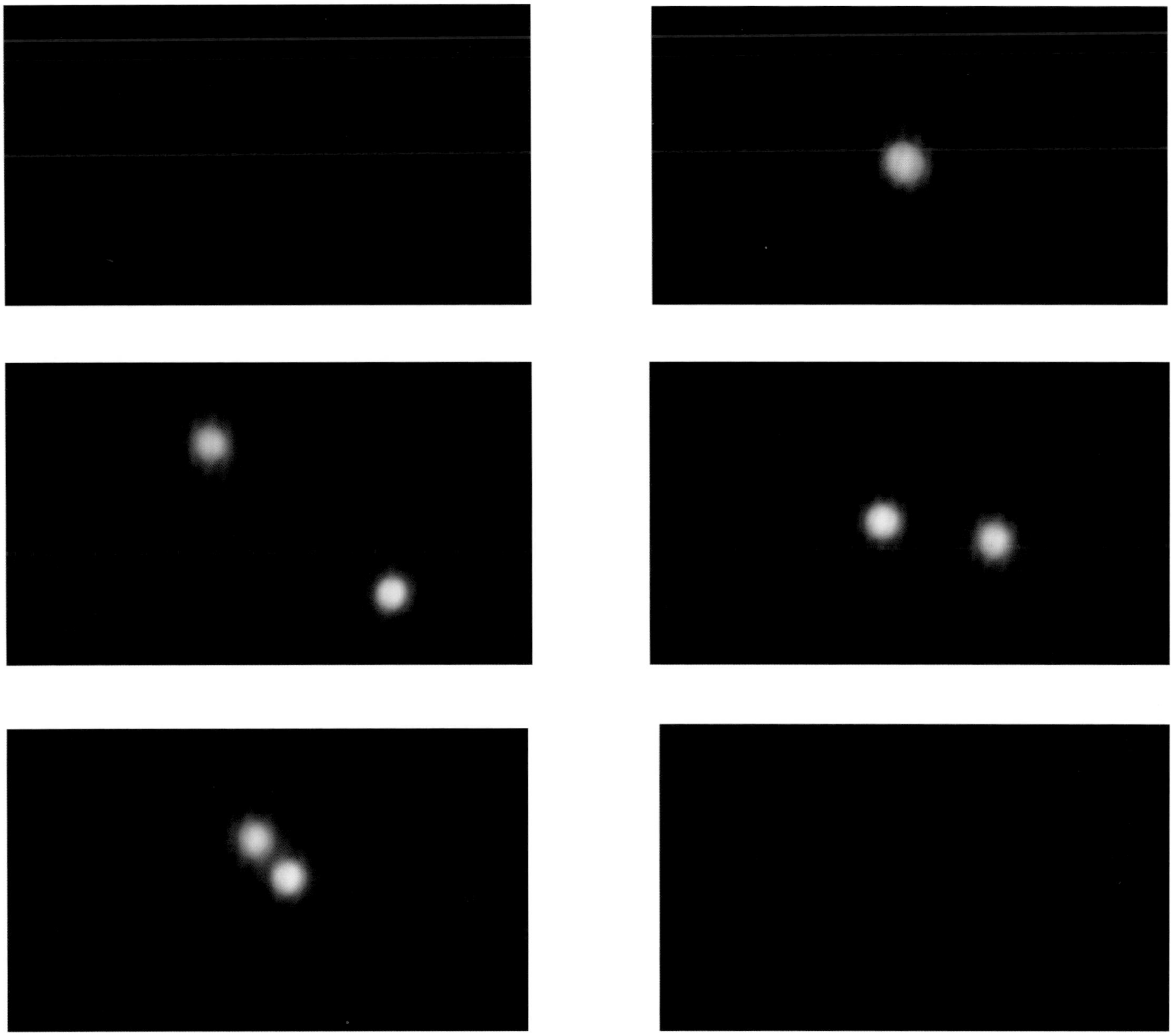

单频录像,黑白,无声,52"

视频截图

第三幕：双生的佯谬

所有虚无都不值一提

寒夜大风
人们饥饿的剥着食物
世界被触摸 占有 沦落
上帝和众神都不发一言
善与恶燃尽了
最后一片光亮也燃尽了
一切都是不存在的
所有虚无都不值一提

同卵双胞胎

同年同月同日生2

异卵双胞胎

同年同月同日生1

卡比利亚之夜

我住在自己的房间里
无梦可做，半夜早起
声音被安静杀死了
时间也躲着不敢出来
于是我沉默饮酒，装作念诗
惊雷悄无声息，郑重而来
有人开始下雨，有人仍是好天气
我与明天相距甚远
却和这个世界融为一体

季芮民

1990年生于山东

JI RUIMIN

季芮民的影像中有一种熟悉的陌生感，这种说法不是文字游戏，他的作品不疏离，非常饱满，让人能够沉下心来。因此，这里的"陌生"更多地体现在他对看似习以为常的森山式摄影语言的转化与改造，而这种陌生化意味着一种倾向：当"名家"的经验成为教科书后，应该怎样塑造我们在平凡生活里的英雄梦想？

——何博

H: 何博
J：季芮民

H: 你在作品阐述中谈到："每一张照片都是拍摄者亲身经历的证明。"在我看来，这很有趣，因为我们更多谈到的是"摄影是拍摄对象存在过的证明"，而你则强调了照片是对拍摄者经历的证明。能否结合你的创作经历，谈谈该怎么理解你的这个观点？
J: 作品是"拍摄者亲身经历的证明"还是"拍摄对象存在过的证明"，这个问题事实上是同时存在的。作为拍摄者来说，不打扰拍摄对象是存在的，但是不能不影响被摄对象的心理行为。另外，照片是作为我"存在"的某种方式，在这里是可以不需要与外界交流的，不需要解释。而"摄影是拍摄对象存在过的证明"，摄影在这里起交流、传递的作用，而我所希望拍摄的"作品"更自我一点，让它自己说话，替代我说话。

H:《灵光》这组作品中，单张照片本身就十分吸引人，可以看出这些照片在视觉语言上的经营已经成熟。想了解一下你日常拍摄的习惯，你倾向于在按下快门之前就确保这些照片符合你的预期（也就是说对按快门比较慎重），还是说先大量且快速地抓取，最后再从这些照片里选出合适的来展现？
J: 从实际操作来讲，第二种更符合现实中的拍摄，但又有些区别。从拍照这件事来说，我占有欲很强，照片不是为了作品而存在的，就像前面说的，它是我"存在"的某种方式。

H: 这组作品中，很多照片都运用了高反差甚至剪影来表现，对这两种摄影语言较为频繁的使用是否有特殊的意味？
J: 把一些"日常"符号化了。

H: 你是否强调照片在展场、画册或者其他介质上的编排？能否以《灵光》为例谈谈你的照片编排思路？
J: "照片如何呈现"这个问题始终和受众有关。在实际中，结合不同的现场、灯光、时间、人群，会有不同的展现形式，但任何展览形式都是为了让照片更"单纯"。照片还是简简单单地看就好，好照片会吸引你。

H: 你在阐述中引用了苏珊·桑塔格（备注1）的"收集照片就是收集世界"这句话，而在作品阐述的最后，我发现你一直在提问，现在这些问题有答案了吗？由你所拍摄的碎片化的世界，是一个相对客观的世界，还是你所想要看到并且呈现在观者眼前的世界？
J: 没有答案，但不可能是客观的，照片本身是一段生活在相机里的投射，它们是真实的，但又没有那么真实。

H: 跟暴烈、直接、不拘小节的森山不同，在我看来，你的影像里更多流露出的是"完整性"，是非常饱满的，让人能够沉下心来的气息。我不知道我的这种感受是否正确，所以请你谈谈为何将自己与森山大道相关联，而你与森山大道在拍摄方式及影像这两个层面是否存在着我所感受到的差异？
J: 很感谢提这个问题，写作品阐述的时候没有那么自信，不是对自己拍的没有自信，更多的是对如何阐述没有自信。《森山的狗》代表的是苟活中的反抗，我不可能成为他，他也不可能替代我。关于暴烈和直接，更想用北野武（备注2）的一句话来回答："我实际上是个特别胆小怕事的人，正因如此我才要做出虚张声势的表情。"

H: 作品的标题叫《灵光》，瓦尔特·本雅明（备注3）所谈到的"灵光消逝"的时代早已到来许多年。对你来说，在数字技术"支配"生活的背景下，当下的"灵光"究竟意味着什么？
J: 灵光消逝，灵光永存。这里其实没必要去探究什么是灵光，就像我们知道什么是美的，却无法给美一个准确的定义。在机械复制时代，摄影也许已经没有原稿或者所谓的"原作"了，它所有的珍贵在于它本身的意义。更进一步地说，摄影的独特性来源于拍摄者。在这个时代、在任何时代，每个人都是独一无二的，所以灵光永存。

备注1：苏珊·桑塔格，1933年1月16日—2004年12月28日，毕业于芝加哥大学，美国作家、艺术评论家。主要著作有《反对阐释》、《激进意志的风格》、《论摄影》等。

备注2：北野武，1947年1月18日出生于东京都足立区，日本电影导演、演员、漫才演员、电视节目主持人、大学教授。

备注3：瓦尔特·本迪克斯·舍恩弗利斯·本雅明，1892年7月15日—1940年9月27日，学者。

苏珊桑塔格在她的《论摄影》中曾这样写道："收集照片就是收集世界。"摄影对于其他艺术形式来说，每一张照片都是拍摄者亲身经历的证明，时间和空间在瞬间被记录，而曾经发生的时间在变成"历史"的那一秒在镜头前变成切片。

那些平常的、那些生活的、那些静态的、那些稍纵即逝的瞬间，那些似曾相识的光影，那些人或者物就在这里被定格。

摄影是什么？每一个接触摄影的人都会问这个问题，每个人都会有不同的答案。我们在寻找答案的过程中，也在寻找自己心灵的安置之所，寻找灵魂的归宿。

我每到一个转折点，总有很多不安，遇见了这些"灵魂"，是生？是死？我拍下的只是它们的表象，它们原本就是这个样子吗？我拍下的是真实的它们，还是我内心的它们？

它们是什么样子的？

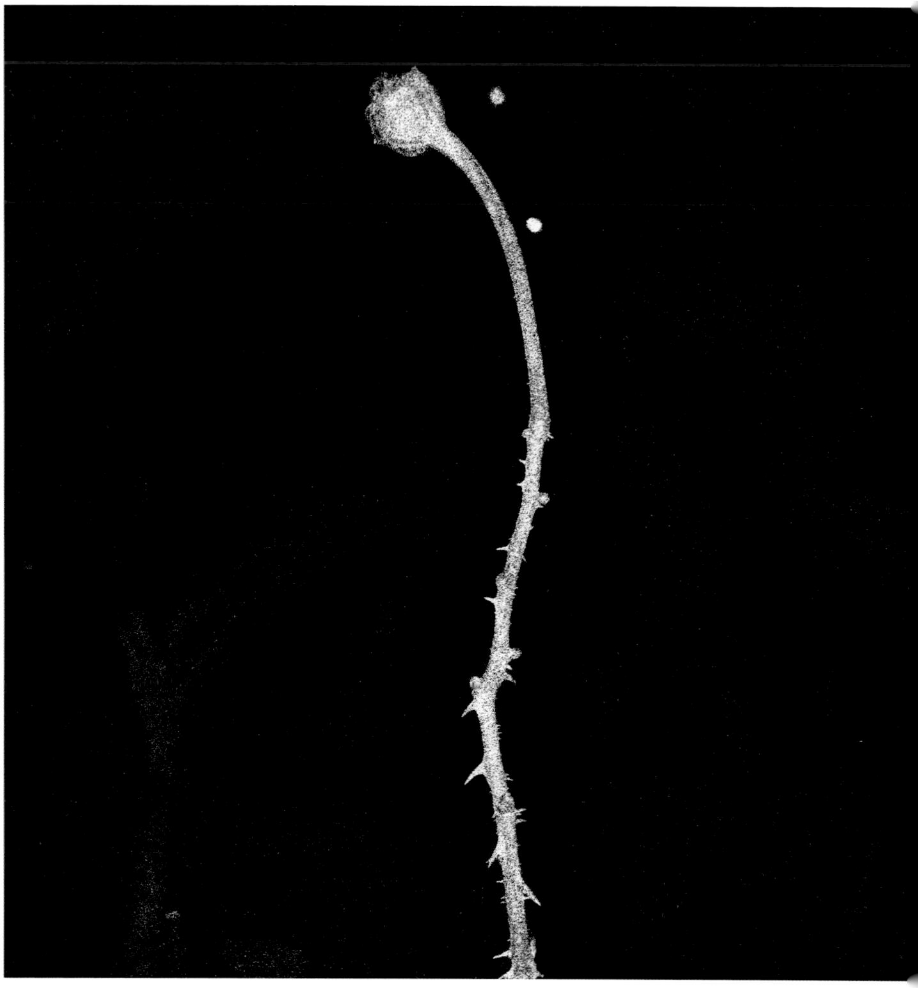

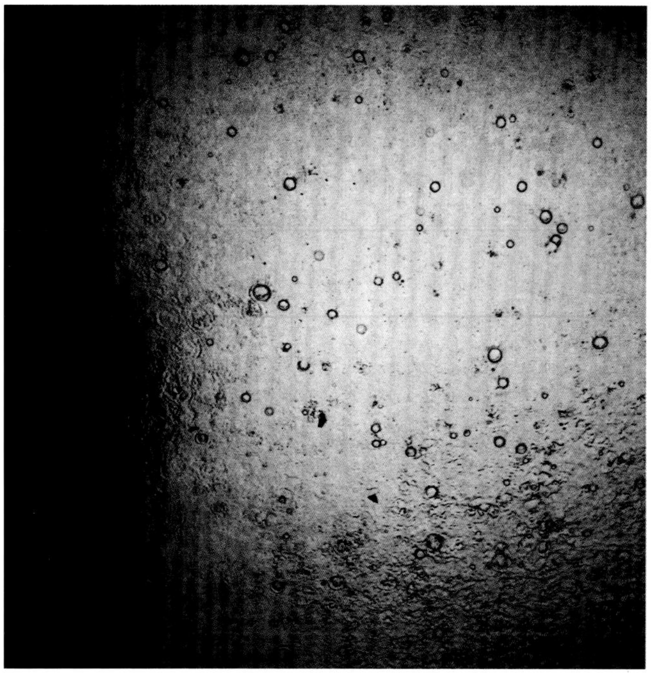

JIANG

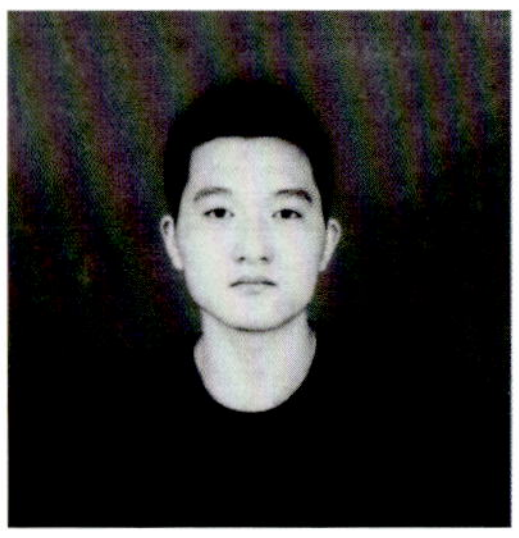

LEILEI

蒋磊磊

1992年生于陕西汉中
作品入围2015年“Leica J摄影大师赛”手机组
入选2016年图虫网“街拍中国”濑户正人工作坊
入选2016年“索尼青年摄影师发展计划”
入选2017年新浪图片“拍照吧，少年”学习计划
参加映画廊“他乡”群展

毫无疑问，蒋磊磊是位直觉型摄影师。当敏感于如此琐碎的、惨淡的生活时，他没有就此别过头，而是选择了一种浪漫化的角度来观看。童年，故乡，行行重行行，向前是永恒的，归来就变成了一个伪命题。好在有摄影，这一路上也多奇遇。慢慢地去接近远处那个尚未崩坏的地方。

——何青

H: 何青
J：蒋磊磊

H: 先说说你是怎么接触摄影的吧。
J: 有了第一部可以拍照的手机后我就开始拍照了，和大家平常用手机拍些花花草草一样。

H: 你觉得摄影不仅仅是拍照?
J: 目前觉得是的，我感觉拍照就是没有好好拍，摄影就是好好拍了。摄影对我来说可能是一种真诚的拍照状态。

H: 可以介绍一下《胡不归》这组照片吗?
J: 这是从2016年拍的照片里挑出来的，都是平时认真拍摄的照片，完全凭着自己对事物的观看方式和情感拍出来的作品，所以最初没有什么明确的主题和计划。如果非要说它们有什么联系的话，那就是都是用手机拍的、都融入了我的情感、都是黑白的。后来为了编辑需要，定了一个主题，然后从2016年拍摄的照片中挑选出一些，硬是编成了一组。这个主题是我当时心境的反映，就是离开家乡后的一些想法。

H: 感觉你对家乡的感情比较复杂，想离开，但又很怀念?
J: 不是想离开，是想回去，但又不知道回去了能干什么，能不能养活自己? 我还是很喜欢在自家的院子里看着自己种的花花草草，晒晒太阳。我喜欢田园生活，但是也喜欢钱。

H:《胡不归》的介绍里说你想搞清楚家乡到底是什么、在哪里。现在对这个话题有什么进展吗?
J: 有。之前觉得家乡就是我的出生地陕西汉中，现在有点模糊了，有点搞不清在哪了。

H: 为什么这么说? 你对家乡的定义是怎样的?
J: 我在找一种能说服我的对家乡的理解。虽然我是在陕西汉中出生的，但我小时候却跟随父母生活在几个不同的城市。真正回到老家是初中到高中那段时间，父母在家里照顾我的生活和学习，算起来只有6年，期间我明确感受到了这里是我的家乡。但上了大学后，我又离开了它，父母也出去做生意了，每次放假我都会回“家”，但回到的不是陕西汉中，而是我父母所在的地方，所以我觉得很矛盾。有时候我觉得“家乡”是我的童年时光，有时候觉得“家

乡”是有亲人的、可以回去的那个地方，有时候又觉得“家乡”就是实实在在的陕西汉中。最近我感觉这些都是“家乡”。

H: 宋代文学家苏轼说“此心安处是吾乡”，你怎么理解？
J: 我觉得这句话说得很好。之前我采访濑户正人（备注1）的时候问过他，他心里的家乡在哪里，他说到处都是他的家乡。虽然我觉得他们说得很好，但我还没有真正通过自己的经历和思考得出这样的结论，所以我还不能用这些话来说服自己。

H: 所以《胡不归》其实不仅是寻找家乡，也是你在寻找自己，想要田园生活和钱的你应该怎么做？
J: 是的。现阶段就是先养活自己，赚钱，然后顺其自然吧。

H: 这组作品里你最喜欢哪张照片？
J: 小时候很喜欢和朋友在田坎上点火，野草一烧一大片，看着火烧起来很兴奋、开心。那张点燃野草的照片是过年的时候和表姐去逛田坝时拍的，可能是想证明自己还保有童真吧。我点了一把火，但火燃起来以后，我完全没有小时候对火焰的那种感觉了，虽然当时自己还不想承认。最后看到别人点的火，觉得应该把它拍下来，然后就拍了。（见图片部分注1）

H: 哇，你还是没有拍自己点的火。
J: 是的，可能觉得自己点的火让我觉得怅然若失吧，就赶紧走了。

H: 这张照片在哪拍的？照片中人的脸是一片白。（见图片部分注2）
J: 在我家的堂屋，画面中的人是我的表姐，我故意用手电筒打亮她的脸，所以五官一片白。我刻意拍过几张看不清脸的照片，至于为什么这样，我还没想明白。

H: 我感觉你的照片中有浪漫、迷茫、理想主义、苍凉和关怀。
J: 你说的关怀是什么？对自己的生活吗？
H: 比较宏大的，对所有人的生活。
J: 这样啊，理想主义吗？

H: 理想主义要跟浪漫连在一起，比如那张野火的照片，你想找回童年时代的记忆，却发现这是徒劳的，这就是生活的代价吧。最后你拍了别人点的火，这比较有意思，好像记忆没办法寻找，只能意外相逢，挺无奈的。
J: 我的确曾经说过自己拍的是浪漫，比如有张烟火的照片（见图片部分注3）和那团火有着同样的点。小时候常听母亲说他们儿时会去看露天电影，高中时校园和公园里也偶尔放映露天电影。上了大学，每周五晚学校会在一个土操场边上放电影，我也在傍晚或黑夜的微风里认真看过几次。拍这张照片的时候我已经上大学了，如今放电影的土操场变成了水泥停车场，电影也不放了。照片里的这个地方是高中时经常放电影的公园，那天路过的时候竟然没人看，我就过去看了看，但完全看不下去，走之前拍了一张照片。其实我觉得看露天电影很浪漫，当时的形式在了，但是心态不在。

H: 如果说《胡不归》拍的更多的是你个人的情绪，那么《好花红村花好红》的视角更多是关注别人。
J:《好花红村花好红》是在一个特定的环境下拍摄的，至于我在拍什么，在关怀什么，我也说不上来。我只知道我当时是在完成一个任务，并且这个任务看起来还不能太糟糕，而且我还得拍出可以凑成一组的照片。但这些照片的视角和感觉等等，的确都是我在当时、当地的真实反映。

H: 当地人看过这些照片吗？
J: 应该没有。如果能看到，他们的反应应该很有趣。

H: 完成了这次任务后，你对摄影有什么新的感受吗？
J: 我好像可以有目的地拍摄一组照片了。

H: 之后有什么创作计划吗？
J: 受到周围人的影响，我觉得我得有一个计划，但是还没开始计划，但只要有机会就会一直拍。

H: 哈哈，计划就是顺其自然地拍照就好了。

J: 我的计划应该是先多看点书。

H: 比如什么书？
J: 就是我感兴趣的书，最近在看王小波（备注2）的书，虽然看完就忘了。大学期间曾经尝试着看，但看了几页没看懂就放弃了。

H: 其实我觉得每个人都有自己的创作方式，艺术本来就是自由的，所以就没有必要计划了。

备注1：濑户正人，出生于泰国的日本摄影家。他擅长用相机直面被摄者，捕捉私密与公开之间的罅隙，展现让人坐立不安的尴尬感。在越来越多人面对镜头更倾向于表演而非躲闪的当下，他的作品显得相当古典、敏锐。

备注2：王小波，1952—1997，中国当代学者、作家。代表作品有《黄金时代》、《白银时代》、《青铜时代》、《黑铁时代》等。

我在寻找家乡，心里的、回忆里的，还有真实存在的。我想搞清楚家乡到底是什么，在哪里。

（注3）

（注2）

LIU CHENYU

刘陈宇

1995年生于四川自贡

注视着照片里刘陈宇的眼睛，你是否会看到不止一个他，或者说不止一个你？这不涉及玄学或者神秘学，他的影像实际上确认了自拍对于表现“我”和身份的不透明性。记忆和自我意识随着时间不断在变与不变之间制衡，刘陈宇的作品让我们明白，这些制衡不会因为时光流逝而消减——抗衡与接受、寻觅与认同，随时都在发生。“认识你自己。”苏格拉底说。某种程度上，看刘陈宇的自拍，我（们）也能瞥见并认识自己，尽管这种认识永远不会有答案。

——何博

H: 何博
L : 刘陈宇

H: 一个“不在场”的人，你在阐述中提到作品涉及的情绪并不是某个词语就可以概括的。能否反过来问：你认为“在场”应该是什么样的？
L: 我觉得在这里，“不在场”有几层意思：第一层是“我”这个个体对于个体之外的不在场；第二层是“我”作为本体之内的一种对抗。所以我理解的“在场”是一个对外和解、自我和解的状态，是一种心理上具有安全感的状态。联系到呈现作品的行为，“不在场”带有我个人的某些不作为的情绪。“不在场”主动对外和对内的对抗应该是被削弱了的，这造成我所说的不确定的情绪，其实也是一个“不在场”的证据。

H: 所有照片中你都是独自一人，或是较为静谧的空镜头。那么，作品表现的“不在场”是否能从“疏离”这个层面理解？
L: 这个问题里聊到“空镜头”，我觉得这个词让我联想到的是我一直对自己创作的一个未来长期的构想。我觉得我的作品“疏离感”体现得倒不是很明显，相反，“美”的体现倒是暗合了我潜意识里可能对外的一种顺应，从这个内容的角度去谈“不在场”，可能更多的还是我对创作构想的一个目的，我是有一种需要被理解、被认知的诉求。“空镜头”让我联想到的是，我希望未来的作品在一定体量上让观者看到的是“电影”感的内容和体验。如果从“疏离”的层面讲，被“疏离”的其实是我自己，“不在场”的是我，促使我去做这些事。

H: “身体”这一元素在作品中得到了较多的表现，面孔、头发及裸体构成了呈现“身体”的不同角度。为什么会选择这几个部分进行表现？
L: 我觉得先是弄清为什么拍自己，一开始我可能就是好奇，是寻找中的偶遇。一方面是镜子不能满足我的观看欲望，也是我视域难以观看或者说是视觉体验上的缺失；另一方面是之前提到的我与外界的疏离。选择面孔等这几个部分来表现是因为对外的一种引介，与其说是呈现“身体”，更多的应该是呈现某个需要确认的“身份”，但这个“身份”不是社会性的身份，大部分内容都在远离社会性的身份。

H: 作品中出现了你儿时照片与中学时期面孔的并置，而这两张照片又与你其他的“露脸”照片形成了对比，比较明显的是发型上的变化。在你看来，不同时期的“面孔”，更多的是“变”还是“不变”？如果二者都有涉及的话，能否分别谈谈？
L: 放入提到的两张照片，我觉得是我之前隐约的感觉使然。在我的构想中，影像中抹去社会性的我是“影像我”，这两张之所以让你觉得与其他照片形成了对比，是因为这样的标准照具备了一个模糊的社会性身份。你可以想象它们用于个人档案或各种证书，未来我会好好整理这个部分。而不同时期的“面孔”，以标准照来说，变的可能只是时间吧。当我把相隔很长时间的标准照拿出来对比，发现除了外貌有一定的改变，神情都特别一致，内心深处相信“我”是不变的。我觉得其中有更多我不好说的东西，但我未来想对这些内容整理出一条脉络，可以说是从一个不那么社会化的角度来解读我的社会性身份，这是对应“影像我”的“物质我”。我相信“我”是不变的，这是一个核心的不同面。

H: 花朵这种意象以两种方式出现在作品中，一是作为单独的被摄对象，二是与你的肖像或身体相互照应。在这两种状态中，花朵的功能分别是什么？对花朵的运用是否受到罗伯特·梅普尔索普(备注1)的影响？
L: 花朵其实一直都是一个对我自己的比喻，我一直很愿意为自己佩戴百合的照片配上一张作为被摄体的百合照片。我其实不太喜欢把一个有点重的东西讲出来，百合的确是被我裁剪后用以妆点自己的。有的人告诉我他看了之后觉得“脆弱”，我觉得这个“脆弱”更多的是隐藏的死亡。梅普尔索普拍的花对我影响很大，我用花来比喻自己也是受他影响，只不过我拍得比较脆弱，花的运用也有很大的提高空间。

H: 在我看来，作品体现出非常强烈的对于“身份”问题的探讨欲望，而且是以比较为人所熟悉的“模式”呈现的，比如衣衫半退那张和抱住自己身体的这两张，这些姿势是为了寻求某种身份认同吗？
L: 我最近仔细想过类似的问题，未来可能会从流行的和经典的文化中寻找启示，或者说从我参与的集体记忆里去寻找方向，这样的思考可能不是为了寻求身份。其实从我之前的回答能看出来，对于身份，我真的不想太过强硬地控制、讨论，我更多是要表达“身份”，至于是否需要外界的认同，应该也不一定。

H: 为什么选择以摄影创作来表现自我？并且探讨相关话题？同样是扮演某种角色，在创作中和在日常生活中与人交流，这二者对你而言有哪些不同？
L: 其实我拍摄过录像作品，未来也会做。用摄影的方式去创作其实很简单，这使我能以观者的身份观看自己。我觉得观看自己也是创作的一部分，我的毕业展就有这个部分的体现，这其实和我聊的“影像我”和“物质我”的并置有点像，就是有这么个基点让我本能地继续做吧。就我自己的感受来说，创作和日常生活没那么大差别。我与人交流不多，如果非说有什么不同，应该说创作中的交流是精神上的吧，别人最好别问我这是什么意思，他有他自己的看法，觉得好或不好都成，反正我都会不断提高，我觉得这是开放的生活中我与人沟通时更想达到的一个共识吧。

备注1：罗伯特·梅普尔索普，被大众称为“黑暗王子”。20世纪70年代末，他一直围绕着同性恋主题拍摄。尽管他的作品带有一种谨慎的、诗意的优雅，但由于对性忌禁区的涉足，使得他一直被视为先锋艺术家。他在20世纪70年代拍摄了大量黑人模特的照片，他采用极其柔和的光线，糅合模特细腻的皮肤和健硕的肌肉，表现出一种强烈的阳刚和阴柔的混合之美。

有风经过的树林

晚上的百合

起风了

无题

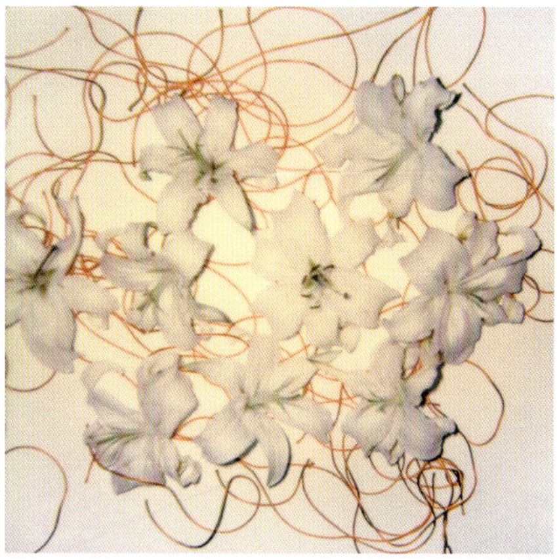

无题

S H E N XIAOYI

沈孝怡

1994年生于湖南
摄影师、视觉艺术工作者
2015年毕业于北京电影学院摄影学院
现就读于纽约视觉艺术学院摄影摄像及相关媒介方向艺术硕士
2014年入围第一届“金驹奖”世界大学生摄影展
2015年入围第二届“亚洲先锋摄影师成长计划”

从导演摄影到行为艺术，即便能够这般简单地梳理沈孝怡近几年创作的变化，我们也需要对她的作品所暗藏的连续性保持关注，这些连续性体现在她对女性“形象、气质和生活状态”的展演和解剖，以及在此过程中完成对于过往幻想的解构。因此，沈孝怡的创作某种程度上是她不断与自己对话的方式。经验的增长和周遭环境的变化需要的是不断适应，甚至伴着往复和退却。不过，就像她新作的名称一样，即便是西西弗斯，也依然在微笑着。

——何博

H: 何博
S: 沈孝怡

H: 作品《仿》和《独自等待》的表现对象都是女性，在“女性”这一主题下，它们的共性和个性分别是什么？

S: 共性都是在讲当下的影视作品中女性的刻板形象。至于个性，能从演员完全不同的表演模式中显现出来。《仿》在创作前期，我对当时的小妞电影中的女性形象进行分类、总结，最终选择出几种典型的类型。这一组拍摄时，演员使用了大量假发、硅胶假体。我要求演员的表演夸张，注重呈现出不同类型形象间的反差。《仿》所关注的是“女性”作为“第二性”在被摆布和迎合中，哪一种是更真实的女性特性。

《独自等待》这组照片，我尽量抹除模特的表演痕迹，我只是要求她没有表情地站着、坐着、躺着、睡着，甚至没有化妆。演员的形象是好的，但没有鲜明的个性。当时我和我的剧组把重心放在灯光、美术和场景的设计上，我希望通过场景和灯光营造出一种伤感怀旧的氛围来覆盖掉演员承载的情绪，让演员更像一个无感情的物件存在于场景中。这一组，在同样的主题下，我的关注点会更细微一些。

H: 几年前，这两组作品刚被展示时，一部分观众感受到了辛迪·舍曼《无题电影剧照》的气息。《无题电影剧照》是否是这两组作品生成的养分来源之一，它对你作品的影响主要体现在哪些地方？

S: 对我而言，辛迪·舍曼（备注1）像一位启蒙老师。她和那一批摄影师在20世纪70年代末开启了当代摄影的大语境，比如对“挪用”的创作手法或“导演摄影”的创作形式的运用和解构，所以我觉得我受她的影响是必然的。但她的作品整体传达的观念对我的影响远远大于她具体某一部作品对我的影响。《无题电影剧照》是她早期的成名作，去年我还特意去看了她在都市图片画廊的新展，相比较而言，我更喜欢她的《性图像》。她用那么戏剧性的灯光充满视觉美感地拍摄了人造的粗劣的性器官、呕吐物和排泄物，探讨美与丑之间的界限和定义，这种强烈的反差刺中了我。

笼统地说，她当时对我的影响就是带我跳出了一个传统的摄影体系，并且第一次了解了“消费主义”、“景观社会”这些理论和概念，第一次尝试了导演摄影这种方式。

H: 不管是在摄影史上还是在当代摄影范畴内，有许多女性摄影师以导演摄影（包括自拍）的手法来探讨身份和性别等话题，而这些作品中所呈现的视觉元素往往是大众文化和更为具体的亚文化中的流行符号，比如作品指涉的影视剧、服装和女性私人生活空间。你认为以导演摄影的方式对流行文化和亚文化中女性的刻板模式进行再现，在当下是否有着更独特的意味？

S: 我觉得当下大家太熟悉于你所提到的“流行文化和亚文化中的流行符号”，“网红经济”也好，各种“帅哥、美女直播”也好，都有很大的受众群体。以这种被消费的方式搏出位，似乎再正常不过了，很多时候已经习以为常地“被接受”了。

在这种语境下，导演摄影选择再现的是大部分人已经熟视无睹的内容，首先是它容易被理解，但它肯定不能只是再现。作品与真实的现状之间细微且耐人寻思的反差，往往尖锐而具有讽刺意味，它提供了一种批判式思考的可能性。

H: 这种看似已成为惯性的创作思路或者模式，对你个人而言意味着什么？你会把自己带入被摄对象中去吗？

S: 摄影作为一种视觉语言，形式上的突破或者观念上的突破都是使作品变得完整的一个方向。直白地说，我希望我的作品和别人的不一样。我会去了解你所提到的“已成为惯性的创作思路或者模式”，并且去打破它。

对我而言不存在“把自己带入被摄对象中去”这种情况，导演摄影这种手法让我所有的选择和设定从一开始就是主动的。我的被摄对象和我是合作关系，我们一起把最初设定的形象呈现出来。

可能你第二个问题更偏重的是“我是否把自己带入我所选择的这些形象类型中”。我选择的形象，都是曾经的“理想自我”、“有好的身材、有悲伤和病态的美感、让男性有保护欲”。这些“理想自我”从我的青春期开始就一直伴随着“自我谴责”在压迫和破坏真实的自己，它们是我人格发展中的一种阻碍。所以这两组作品对我而言就像是打开了一个抑郁很久的心结。将那些在幻想中充满存在感的形象解剖后，发现它是那么单薄。

H: 《独自等待》展现了作为“模板”的女性的“伤感”和“压力”，对你而言，这些情绪和状态是怎么体现的？《独自等待》中的这些“伤感”和“压力”是你自身的体悟，还是你对间接经验进行整理和思考之后的结果？

S: 模板既是不变的，也是“百搭”的。在视觉上，我通过灯光和场景设置营造出一种过度的伤感氛围，一种超出了照片本身叙事和演员表演的悲伤情绪。

“伤感”和“压力”是始于自身的体会，但毕竟我的作品对于我的观众的意义是和他们自身有关而和我无关的，所以我也会对间接经验进行整理和思考，把我主观的感受转化成一种能引起大家共鸣的视觉语言。

H: 这两组作品中，大多数女性角色都处于一种被动、焦虑、无助或是等待的状态，你是怎么考虑这一点的？这是有意识的强调吗？

S: 是有意强调的。悲伤和焦虑是男人和女人都有的正常情感，但男性形象通常被要求设定得更为阳刚，而女性形象被设定和要求得更柔弱，这是主流的认定。当你和主流不一样时，就像法国文学大师加缪《局外人》中的一个人的母亲死了，他如果不哭，会被认为是不道德、错误的。我所考虑的只是对性别的刻板印象的反思。

H: 你在美国学习、生活的过程中，是否留意过周围的女性摄影师或者艺术家是怎样探讨女性话题的？都有哪些主要倾向？

S: 女性话题实在是个很大的话题，很多人都会涉及，但可能仅仅是作品中被解读的一层。我周围的女性艺术家或者摄影师，她们的作品很可能在探讨女性话题的同时，也在探讨“物化”、“批判艺术体系”等等。观念上的倾向就是要在当下的语境中提出新的命题，一些没有被讨论或引起关注的命题。

H: 你的新作品是一个与行为表演结合的摄影装置，能谈谈为什么会有这样的转变吗？

S: 我现在的新作品《Smiling Sisyphus》是我在美国读研究生的毕业创作。我虽然并不喜欢“艺术治愈”这个词，但这一组作品却是源于我对生活中悲喜交加的荒诞情绪的感受。我的创作都与自我身份定位有关，所以在我尝试不同媒介和手法创作时，作品会带着我走，慢慢就做到这一步了。过去和现在的作品之间无疑是有关联的，有一些我现在还看不到，但我正在了解。

备注1：辛迪·舍曼，1954年出生，解构主义、后现代主义、女性主义评论家心中的女皇。她的作品从不回避怪诞，经常出现戴着口罩、假发、假肢的女性，并且特意布置出令人毛骨悚然的场景，以自拍照的形式反映西方社会不同年代典型的女性形象。

仿·2015

我们很轻易就能联想到一些与女性相关的熟悉场景所试图传递的情愫，如女人倚着沙发抽烟时的惆怅、女人哭泣着奔跑离去时的失望、女人在病榻前恸哭时的无助、女人被泼酒时浮夸的戏剧感……而这些，也正是我的这组作品中选择模仿和拍摄的。

一个足够漂亮的女主角是一部戏成功的前提。因为电影或电视剧中所提供的视觉快感，很大程度上来自于银幕上被看的女性形象。女性角色除了起到叙事的作用外，同时也是剧情内和观众眼中的情色对象。片中，她们被性感化、娇艳化、柔弱化、清纯化、虚拟化，为了迎合大众审美而彻底“美化”，成为被消费的对象。不管是在爱情片还是在情色片中，不管是作用于精神还是作用于肉体，是为了让内心得到安抚还是为了让身体的紧张状态得到舒解，影片中的女性形象都无一例外地摆脱不了既有社会里的刻板印象，以及在男性本位文化的环境下，去迎合男人建造的女性气质——最终趋向于被动和柔弱。

Smiling Sisyphus 视频截图

Smiling Sisyphus 视频截图

身处自己阴影的彼岸，负面碎片拼凑起一个世界，记忆、时间、痛苦、矛盾，以及无法避免失去的人、事、物，不止我一个人生活在其中。

配上
些文
种理

L: 这
手机
独立
明显
W:

L: 你
W:
有四
上像
的时
特别
觉得
烟雾

L: 就
随处
只是
乡愁
W:

L: 《
W: 有
活过

L: 当
然产
成这
W:

L: 我
观照
W:
人在
身份

L: 什
W:
正在
上映
本身
建筑
个现
越来

L: 《
乡的

须弥山·怀乡山·2015

《须弥山·怀乡山》是一个半虚构半纪实的作品集，主要讲述了我离开故乡成都之后这七年多的时间里，我和家人之间关系的变化。故事主要围绕我和家人的关系，对家庭、个人生活及社会变迁进行讨论。

我虚构了一个地点——须弥山。须弥山出自佛教的宇宙观，一千个一世界为一小千世界，而须弥山就是一个小千世界的中心。在我看来，我和我的父母都各自是一个一世界，而一个家庭就是一个小千世界，须弥山就是一个家的中心。而这个中心不受时间和空间的控制，它在我们的心中，它无所不在而又虚无缥缈，无论我在哪里，心中都有一座须弥山。对我来说，须弥山才是人真正的归宿，而人世间的故乡由于受到时间和空间的局限都是短暂的和有限的。作品展现了我家四口人在不同地区、不同时区所过的不同生活。

根据四口人的不同生活，我将作品分为四个章节——《游子山》、《迎南山》、《铁父山》、《怀乡山》，分别讲述了我在异国的求学生活、母亲在基督信仰中的生活、父亲和家忽远忽近的关系、奶奶在故乡一个人的生活，我无时无刻地盼望着家人团聚。一家四口人各自有各自的小世界，而须弥山是联系每一个小世界的中心。在这里，我想运用“须弥山”作比喻，以此来说明小千世界是大千世界的缩影，一个小家庭的变化也象征着一个社会的变化。

乌有乡

乌有乡

乌有乡

乌有

寒山居

迦南山

读经者

喜服

铁父山

异乡纪行·2015—2016

《异乡纪行》是我在旧金山求学期间用手机拍摄的一组关于旅行和日常生活的照片，这也是我不经意地对每天所经历的事物的一些记录，就像日记一样记录了我的一些琐事和对生活的感想。在拍这组作品的时候，我放弃使用传统的相机，因为我希望可以用一种更快速、更简捷的方式来抒发自己的感情，所以我选择使用我的iPhone手机。我一直很喜欢日本俳句大师松尾芭蕉，他的诗句虽然非常简洁，但却表达了他内心复杂的情绪和包罗万象的大自然。他一生都在孤单地旅行，四海为家，过着苦行僧的生活，这也启发了我将自己游历他乡的经历和松尾芭蕉的经历联系起来。

用手机拍摄本身也是将摄影的方式简化，我希望用直接、简洁的图像和文字来表达我对摄影本身的理解。我认为摄影就是日常生活，我们不需要特意去捕捉那些决定性的瞬间，以及那些离奇的事件和宏大的社会现象，而摄影《异乡纪行》就是我在异乡旧金山的生活记录。

雾中旅行

北山

向爱德华·鲁思查致敬

雨人

晨露

邂逅

《故城新事》作品集开始创作于2014年，我本科毕业之后回到故乡成都，无意间走过一条古老的街巷，这条街的名字叫龙王庙正街，因为这一次与老街的邂逅，我心中的乡愁油然而生。老街的瓦房、石板路、老式的门窗和这里的居民都让我想起儿时的故乡。然而这条老街临近成都市区最繁华的商业区春熙路和太古里。在消费文化统治的时代里，或许很少有人还记得这些乡土文化、本土建筑和人们淳朴的生活方式。

为了拍摄这组照片，我花了三年的时间走访这些街道，除了龙王庙正街外，我还拍摄了成都市区内仅存的几条古老的街巷。我走进这些老街居民的家中和他们交流，了解他们的生活，倾听他们的故事。在拍摄这组照片的时候，我放弃了传统的人文黑白纪实形式，使用了彩色胶片，同时还用了摆拍的方式去捕捉这里的居民和他们的生活环境，以及他们使用的物件之间的关系。我认为彩色可以还原我们当代生活的真实面貌，同时赋予这些旧事物一种新的定义。

我希望观众可以从这些看上去破旧的街道中发现一些新的事物，人们的生活是如何受到现代消费文化的影响而改变，他们在当今飞速发展的时代里如何保持自己的生活方式。照片中的人物年龄跨度很大，从90多岁的老人到四五岁的小孩，我从他们身上看到了时代对他们不同的影响。关于传统文化和消费文化应该对立还是统一的问题，在我的作品中没有确切的解答，这是留给大家思考的一个问题，我依然想继续带着这个自己无法解答的问题去拍摄这些老街。

W A N G
Z H E S H E N G

王喆生

1990年生于江苏徐州
2012年作品《理想的宽度》参展大理国际影会
2015年入选东莞第一届青年艺术家驻留计划
2016年参加上海CULT文化艺术展
2016年作品《关于远方》参展中国平遥国际摄影大展

这些琐碎的画面成为他在欢庆和失落中保持某种距离感的平衡点。热切关注周遭发生的一切，同时又将自己放置于忽近忽远的位置，让自己在这一刻既是参与者又是局外人，让我像个才从睡梦中醒来的人，分不清真假就进入他的画面。

——黎光波

L：黎光波
W: 王喆生

L: 你有很多作品是在路上随意拍摄的，就像你说你喜欢拍摄无事之事，你是怎么定义“无事之事”这个词语的?
W: 生活里有很多无聊和无所事事的时候，然而在无趣的时候常常会看到许多不容易观察到的东西。摄影本身也是一种定格式的影像，很多时候不仅保留了回忆，而且也会对未来的或未知的空间产生许多暗示。

L: 你的很多照片是根据自己对这个社会发生的一些事而有所感悟，并以此记录下来，其中有没有特别吸引你的地方?
W: 当你想拍某个人，这个人愿意被你拍而且不做作的时候，那种感觉真的很棒。有被信任和被喜欢的成分在里面吧，会让人很自然、很舒服。还有观看一些看起来很自然、亲密的照片，也会让人揣度和探寻照片中人物的情感生活。

L: 作品里有双重曝光或者刻意模糊化的东西吗?
W: 有些运用多重曝光的方式拍摄，有些是根据想象后期叠加的，这是希望丰富和包含更多的内容，每一张会有不同的意向和目的。

L: 哪位摄影师对你的影响比较大?
W: 我喜欢很多摄影师，可能不同时期会受不同程度的影响吧。以前喜欢贝尔纳·弗孔、辛迪·舍曼、南·戈尔丁，后来喜欢史蒂夫·肖尔、马丁·帕尔、中平卓马、埃里克·索斯。他们的照片不仅能让人感受到摄影的各种可能性，甚至还可以让人联想和构思更多未知的和尚未开发的摄影语言和表现空间。

L: 你最近有什么计划吗?
W: 有两个相对琐碎的计划，目前还处在信息整理和架构当中。使用针孔拍摄一些自然的画面是目前正在尝试和整合的计划。

L: 你在哪几个城市生活过?
W: 高中之前在徐州，大学去了南京，后来去过武汉和重庆，现在在上海。我觉得江边的城市都蛮有趣的。比较来讲，南京阴郁一些，武汉浮躁一点，上海相对洋气，重庆有山有水，感觉非常中性，挺不错的。

L: 在这么多城市生活之后，你有什么感受? 有没有特别喜欢的城市? 为什么?
W: 很多城市由于地理环境的原因会有完全不同的区域特质和人文风貌，不同地域的人也会有不同的性格特征和文化积淀。我个人喜欢重庆，可能是因为城市自然景观吧，刚柔并济，有一种山多水多的原始温柔，是一个富有可能性的城市，而且重庆人勤劳、耿直、勇于创新。

（无题）· 2014—2016

CITY SIGHTSEEING

亲密关系·2014—2016

摄影对于我来说像是一种进入其他空间的仪式。我希望拍摄那些无事之事，睡觉、聊天、吃饭、喝水、发呆、远行，百无聊赖，沉默不语；我希望在欢庆和失落中保持某种平衡的距离感。无论喜悦还是怅惘、年轻还是老道、仁爱还是悲情，都能保持自然地进入那样的画面。

这个世界本来就充满着相聚的浓情又间杂着别离的伤感，照片为我们打开了通往过去的窗户，同时也是我们看看未来的立足之处。有时候观看那些看似自然的亲密时刻，同时也是回味和揣度照片中情感生活的空间和线路。我们想按下快门的那一刻是有冲动和意向的，而观看它们时又徒增了一些沉默的告白。有时候看着别人的故事，总觉得像是看着曾经某个时刻的自己。每个人走的路或许各不相同，但曾经的毫无防备和奋不顾身又是如此相似。

Y A N G
M I N G

杨明

1985年生于湖南

获奖情况：
2012年第12届中国平遥国际摄影节新锐摄影师奖
2014年"色影无忌·中国新锐摄影师发现之旅"入围摄影师
2015年第二届全国青年摄影大展手机新锐摄影师提名

展览情况：
2012年第4届济南国际摄影双年展
2014年"锐界·元生"展览
2015年"Byond the Surface"展览
2015年"致青春——青年影像传统印相展"
2015年中国大理摄影节
2015年北京国际摄影周
2015年中国丽水国际摄影文化节
2016年华晨拍卖展
2016年中外青年摄影师联展

当自我的体验足够满足才会开始关注周遭的变化。在这样一个转换过程中，自我体验有最大的功劳。在探索的过程中，越接近所谓的真相就越接近内心被刻意隐藏的阴暗。当自己足够强大时，便会把那阴暗逮住好好地戏弄一番。

——黎光波

L: 黎光波
Y: 杨明

L: 你现在从事什么工作?
Y: 记者。

L: 挺不错的职业。是文字记者还是图片记者?
Y: 我是从图片记者转为文字记者,现在差不多两个都在做。

L: 记者的身份对你的创作有影响吗?
Y: 影响不大。以前的创作完全是从自我体验为出发点的,现在更加倾向于通过观察再结合自己的主观感受进行创作。

L: 就是从很自我的状态转变为先思考再结合自我的状态来创作?
Y: 对。

L: 这几组作品的创作顺序是怎样的?
Y:《中国式旅游》、《行走的心像》、《旧时光》。

L: 进入实验摄影领域的过程中,每一组作品之间有什么关联?
Y: 没有关联,是我自身的一个改变而已。

L: 这三组作品截然不同。
Y: 对,看起来不像同一个人拍摄的,但核心都是在表达自己的感受。

L: 简单介绍一下作品《中国式旅游》和《行走的心像》吧。
Y:《中国式旅游》拍摄了北京的天安门、圆明园、天坛、十三陵等旅游胜地,敏锐地捕捉了各色旅游人群的丰富表情和形态,通过多重曝光的手法生动再现了当前中国人的旅游形态,记录了在庄严的古建筑前各种行人的影像、不同的表情和姿态,展现了旅游过程中的人生百态,表现这种在多样的环境下一样的旅游体验,以及人与人之间、人和建筑之间的微妙关系。

《行走的心像》主要描述自己在行走过程中的所见所闻和自己内心情感的波动与变化,最终以影像的方式呈现出来。作品拍摄的是他物,其实是我自己和自己的一个对话而已。

L: 感觉《旧时光》的实验性味道更强了一点。
Y:《旧时光》这组作品是我结合自己的感受做的一个尝试。

L: 为什么突然想做这样一个尝试?手工影像加上用线条刻意"破坏"?
Y: 哈哈,因为童年"阴影"。有一段时间,我开始慢慢淡忘从前的东西,因为想到以前的一些事情会觉得不开心,所以就用了这样的"破坏"方式来表达。

L: 所以就索性用一种儿童涂鸦的方式对图像里的某一些物体进行遮盖?
Y: 这种方式有一种小孩想刻意遮盖某个信息,或者不喜欢某个信息故意被破坏的感觉。我就是想干扰那些具象的东西,让它们在这些杂乱的线条里变得模糊不清,而且想以此遮盖童年的一些"阴影"。

L: 这些被掩盖的是什么信息?
Y: 就是自己不愿想起或者是忘记的东西。

L: 对你而言的童年"阴影"是什么?
Y: 压抑,很多因素造成的。比如想要的东西得不到,想做的事情做不了,或者主观、客观因素都达不到造成的吧。大家应该都差不多,估计是我对这个问题比较敏感一点而已。

L: 会尝试各种影像表达方式来表达自己吗?
Y: 肯定会。我会找一个比较合适的方式去表达新作品。如果没有,说明没找到,那就继续学习。

L: 现在有什么新计划?
Y: 我没有详细计划,就是看自己有没有想要表达的东西,有的话我就去做,没有的话就学习、总结。

中国式旅游·2012

自进入巢居时代开始，人类就一直与建筑保持着密切的联系。每座建筑都是一种文化的图腾、一个时代的象征、一种精神的传承。作为文化的符号，它们直到今天仍受着无数参观者的顶礼膜拜。

随着社会经济的发展、物质生活的丰富，人们越来越追求精神生活。旅游无疑成了时下最热的话题和最时尚的活动。然而在社会转型的过程中，由于中国人的旅游形式和意识的浮躁，以及中国人的旅游观念正处于一个转变的时期，使旅游形成了格式化的动作、格式化的背景。游客自我存在感的证明——留影炫耀和"到此一游"之类的涂鸦在各景点随处可见。

天坛

故宫

西洋楼遗址

长城

我喜欢行走，
行走于我，
既是身体的，更是心灵的。
在身体和心灵的双重行走之间，
无论走到哪里，在做什么，
我都会记录自己的心情和感受。
生活是喧嚣的，青春的灵魂也总在悸动不安中。
青春岁月中的忧伤、孤独、迷惘、愤怒……
碎片化情感，就这样被记录下来。

在景区山顶，拍下拍照的男人翘着妖娆的兰花指；
在裸露的滩涂边上，两个充斥着迷惘和困惑的青年，无所事事；
在夜里的海边，本该把心愿带到远方的许愿灯，又被海风吹了回来；
在最东边的河边，钓鱼人的身体、钓竿和天上的一道亮光构成奇特的画面；
在广阔的田野上，一辆自行车驮着两个人驶向远方……
在拍下这样一个个场景的同时，我也拍下自己的心像。

像由心生，
我们可以骗过所有人，却永远不能骗过自己。
很多时候，拍下的照片，其实是在与内心的自己对话。

童年

梦

车

睡不着的夜

某日早晨

树

赶集

村头

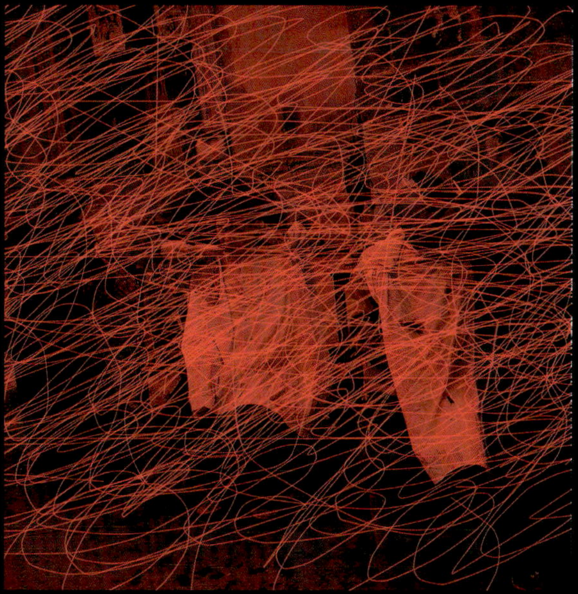

理发

我常常处于困惑与矛盾的纠结之中，童年的记忆不敢忘却，但某些片段又不想展示于众。着意用线条打破某些具象的画面似乎成为回顾旧时光的唯一方式。这既是对时光记忆的精心毁坏，也是自己内心世界的一次救赎。忘却是为了记起，毁坏是为了重建。

喜事

Zona Rossa · 2016

我的多媒体作品《Zona Rossa》以维苏威火山为样本，探讨了"危险"这个概念是如何被人类社会定义、感知、再现和应对的。该作品混合使用了多种视觉媒介，包括摄影、电影片段和文本，从不同角度再现了维苏威火山的多重属性：它不仅是自然物，同时也是政治、宗教、历史、文化和科技的操作对象。

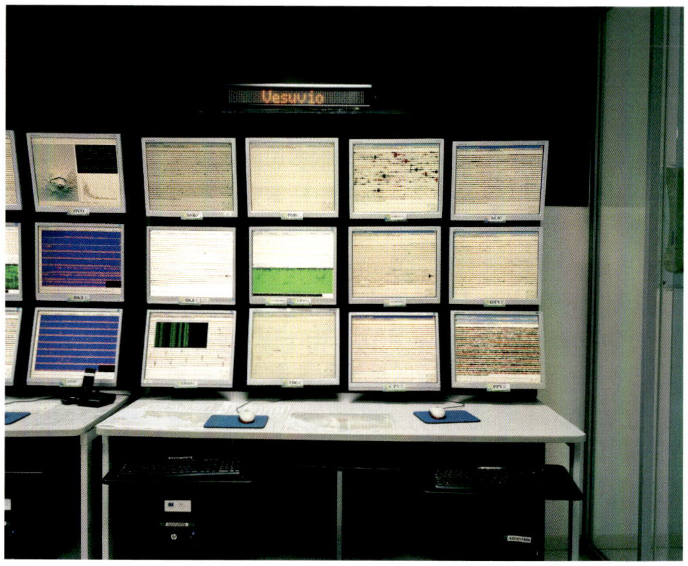

你能听到妇女的尖叫声，婴儿的哀嚎声，男人的呼喊声：有些是在召唤他们的父母，有些是在喊他们的孩子或妻子，试着通过声音来辨认他们。人们为自己或亲人的命运而哀泣，而有些处于等死的恐惧而企盼快些死去。更多人哀求神能伸出援助之手，但又会想可能已经没有神了，宇宙将陷入永久的黑暗。

《特步：中国鞋厂》这组作品是我应法国社会学家布鲁诺·拉图尔之邀，为其大型社会调查项目《关于存在模式的调查》（AIME）而作。陈海舒于2012年前往泉州晋江，记录下了位于这里的一个特步鞋厂的日常生产过程。

第四夜，我被告知是在参加一场宴会

第五夜，有磨牙吮骨的声音

第六夜，梦里看了四场电影

第七夜，我看到我在沙漠里行走

D O N G Y U X I A N G

董宇翔

1990年生于江苏吴江
2013年毕业于北京电影学院，获艺术学士学位
2016年毕业于罗切斯特理工学院，获艺术硕士学位
2016年入围三影堂摄影奖
作品曾在北京国际摄影双年展、集美-阿尔勒国际摄影季等展览上展出
现在弗吉尼亚联邦大学攻读博士学位

说实话，董宇翔《T01_[Z.32.45.37]—T04_[UN.1-7]》这组作品是发自内心的喜爱。他是我所认识的出自北京电影学院摄影学院却最不像摄院人的毕业生（无意贴标签或者摘标签，不过这实在是介绍他的最直观的方式）。访谈中他说：“摄影不再只是捕捉，更是生成。”这个观点也是我所认同的。作为一名创作者，他严谨但并不枯燥的思考所制造的成果回应着当代艺术中摄影更深层次的转向。关注下瓦利德·拉德（Walid Raad）的作品吧，这样你会再次回到董宇翔的作品前，停留得更久，或者匆匆离开。不管怎么样，他值得继续期待。

——何博

H: 何博
D: 董宇翔

H: 应该如何理解作品标题“T01_[Z.32.45.37]—T04_[UN.1–7]”？
D: 当我们去图书馆找一本书的时候，如果只知道书名那几乎不可能找到，还必须要有一个与这本书相对应的索书号。这个标题就好比一个索书号而非书名，也奠定了作品关于档案和编号的基调。

具体来看，T指类（Type），Z指周卫国，32、45和37分别指1932年、1945年和数量37张，T01_[Z.32.45.37]就是《I类_1932至1945年间周卫国的37张照片》的索引缩写，《IV类_未命名》索引缩写为T04_[UN.1–7]，两者相连表示一个区间，即这一区间内的所有内容。

H:《T01_[Z.32.45.37]—T04_[UN.1–7]》是一个庞大的体系，能否简单介绍一些构成这组作品的不同部分？
D: 看似复杂，实则有规律可循。作品基于风靡电视银幕的抗战剧进行创作，融入大量虚构与非虚构元素，考察当代流行文化中影像的客观现实与历史真实。这组作品以档案形式呈现，由序言、I类、II类、III类、IV类五个部分组成，包括照片、视频、实验报告、物件、剪报等多种元素。视频《序言》中有新闻、广告和电视剧画面的并置和拼贴，概括了作品的缘起。《I类_1932至1945年间周卫国的37张照片》中，标准化数字翻拍和与之一一对应的信息表及实验室报告构成同义反复的系统——机械复制的本质使照片能够系统地产生意义。《II类_关于小王庄战役17件套文物的研究》将《武义日报》对抗战期间小王庄战役遗址考古发现的报道进行展开，包括9张剪报和17件套出土文物。影像与物件的混合形成相互证明、相互解读和相互否定的复杂语境。《III类_72件武器剪贴簿》内容涵盖从功夫、冷兵器到枪支和大炮，其中图片和文字信息的大量堆砌使得这本簿子不仅是粗糙的记录和展示，而且具有了深入的教育功能。《IV类_未命名》包含7张存放在档案夹中的黑照片。同一画面在一张相纸上重复多次打印后，多层墨水的物理叠加产生了晦涩、反射甚至镜面的效果，使照片中关于历史、真实和身份的信息变得难以言喻。

H: 作品一开始，为所有的子图像列出了根茎结构图（或者说是为它们编制梳理了谱系），这为作品奠定了“科学”的基调。科学在这组作品里的地位是怎样的？整部作品是否意图对“科学”或者“客观”进行质疑或者反讽？

D: 也并非立足于反讽科学，而是思考我们如何理解“科学”和“客观”，尤其是在史观和方法论的层面。托马斯·库恩（备注1）在《科学革命的结构》（*The Structure of Scientific Revolution*）一书中提出了“范式”的概念和非常不同的科学史观，可能比较复杂，但简单来说，那些曾经的科学真理，如今被证明是迷信，那么我们今天如此先进的自然和人文科学又何尝不是一种“迷信”呢？库恩认为科学革命实际上是科学词典结构的变革，也就是用新词典取代旧词典，那么“科学”和“客观”是不是都成为了语言问题呢？这些都非常值得思考。

H: 利用现成品进行再创作也是当下图像创作的流行方式。就你的这组作品而言，现成影像和文本是否是这组作品素材的主要来源？对于现成材料的挪用和再创造对你想要通过这组作品实现“组成一个看似可信，实则荒诞的档案”的目标有哪些必要性？

D: 现成影像和文本确实是这组作品素材的主要来源。一张照片可同时作为艺术品、物件、证据和历史记录而存在，今天的技术使得影像能够构建一个与客观世界并行的拟像世界。“假作真时真亦假，无为有处有还无”，这些素材影像的内容虽是虚构，却实实在在地反复出现在电视观众面前。历史通过叙述也只有通过叙述展现，而影像就是一套可以自说自话的语言系统。在一个拟像世界中假处寻真，无中生有，档案的官方性、机要性和权威性与其荒诞的内容形成落差，折射出影像所粉饰的当代神话。

H: 你的作品表明，图像的虚构已不仅仅涉及图像内容本身，作为图像（以及文本）作证的规则、系统和机构都有可能有伪造的必要（比如你虚拟的“影像保存实验室”）。对这些为图像和文字材料的真实性赋予合法性的权力机构的论述，已在欧美诸多文章和书籍中有过体现。能否从你在国外的学习所得出发，简单谈谈你对于“真实性”与权力之间关系的理解？

D: 虽然影像拥有精确的描摹功能，但“真实”恐怕只存在于语言之中，所谓“三人成虎”，就与话语权有关。在西方当代艺术的语境中，档案依托于博物馆、图书馆等机构存在，这些机构拥有选择将什么作品纳入收藏和档案的特权，也决定了艺术史的书写方式，以及观众了解“真实”的途径，最后，当代艺术不得不依赖于这些机构的认可。即使瞬间艺术（Ephemeral Art）和替代空间（Alternative Space）的存在看似可以远离机构，但是很难从根本上远离今天当代艺术的话语。它们除了需要其他媒介进行记录以被纳入档案之外，很多时候也不得不满足当代艺术市场的需求。

H: 纵览整组作品可以发现，虽然不同子系列中作品的构建方式并不相同，但这些手段和方法同你所要传递的信息和想要实现的意图之间，都是可以对应的。不过，这种类似“编码—解码”的过程或多或少会成为对观者的考验；另一方面，庞杂的数字和一些文本纯英文的呈现为观看设置了障碍。那么，你是否担心过这些“考验”和“障碍”会阻碍一部分观者继续解读你的作品？在作品展出时，你是否愿意不厌其烦地向观者解释这组作品？

D: 艺术家确实应当承担起与公众沟通的责任，我也愿意和公众讨论作品。但好比我看瓦利德·拉德（备注2）的作品，坦白讲要是没有先前学习摄影和艺术的基础，肯定会看得莫名其妙。我之所以一直没有把这组作品的名字翻译成中文，是觉得中国人不是这么思考摄影和历史的，倘若改变语言，整个体系也都要有所变化。除了语言，文化的障碍更是如同天堑一般，一个美国人看了作品之后问我：“‘二战’的时候是不是中国侵略了日本？”我就完全不知道从哪里说起了，也不清楚他究竟是怎么理解这组作品的。这些都是很有意思的问题，我也一直在创作的过程中不断地思考。

H: 《IV类_未命名》这组子作品中，最终成型的影像经历了多种物理手段的影响，许多意义其实是在过程中得到展现的。你怎么看待这种意义的流失？当成品作为作品展现时，它是否已经不再完整了？

D: 这是我目前最不明确的一个部分，开始的想法是让整个档案有一个不确定的结尾，当时正好在试验重复打印，于是就用了上去。确实，这一技术的意义可能主要在于过程，它的存在还是形成了较完整的体系，但是其本身是不是有所遗憾还是值得思考的。

H: 《很好，很好》作品中，你将新闻报道、广告与涉及的景观或建筑图像进行并置的理由是什么？另外，图像拍摄的时间是否都是在文字发布时间之后？这样安排又是基于什么考虑？

D: 这一作品中各种元素并置的第一要素是地点，以不同媒介、角度和时间对同一地点进行描绘以呈现一个变迁的过程。迄今为止，大部分图像拍摄确实都是在文字发布之后，原因是这组作品关注的是我家乡城市化的进程，而我近些年大部分时间都远在外地，主要通过大众媒体发布的消息了解其变化。这些来自各种媒体的文字就引导了拍摄的地点。

H: 你在《T01_[Z.32.45.37]—T04_[UN.1-7]》的阐述中说：“摄影不再只是捕捉，更是生成。”当如何理解这句话呢？

D: 今天的摄影显然不只停留在拍上，无论是实践创作还是理论批评，影像已经形成了综合性视觉文化研究课题。从技术层面来看，电脑可以渲染出一张与照片相差无几的图片，从媒介载体层面来看，摄影书和网站的盛行反映了作者和读者对更复杂文化产品的需求。但另一方面，眼下谁也说不清摄影的未来——将图片挂在墙上这种形式是否已经过时了？

备注1：托马斯·库恩，1922年7月18日—1996年6月17日，美国科学史家、科学哲学家，代表作有《哥白尼革命》和《科学革命的结构》。

备注2：瓦利德·拉德，1967年出生于黎巴嫩，当代媒体艺术家。他虚构了一个“The Atlas Group”（阿特拉斯集团）艺术团体。他的作品包括视频、摄影、散文等。他的作品经常关注集体创伤事件的历史维度，将电影、视频和照片作为文献来描述身体上和心理上的暴力。

很好，很好·2012—2017

作为一个男孩，我很享受在吴江（位于太湖东南岸的一座小城）的童年时光。作为一个成年人，即使离家背井，我仍透过大众媒体持续地关注家乡的城市化进程。2012年至今，我一直关注并拍摄家乡新城的建设，将照片与当地报纸的社评、通讯和广告等元素并置的同时，融入老照片，以展示这片土地自然、人文和社会风貌的变化及其背后的媒介和资本力量。

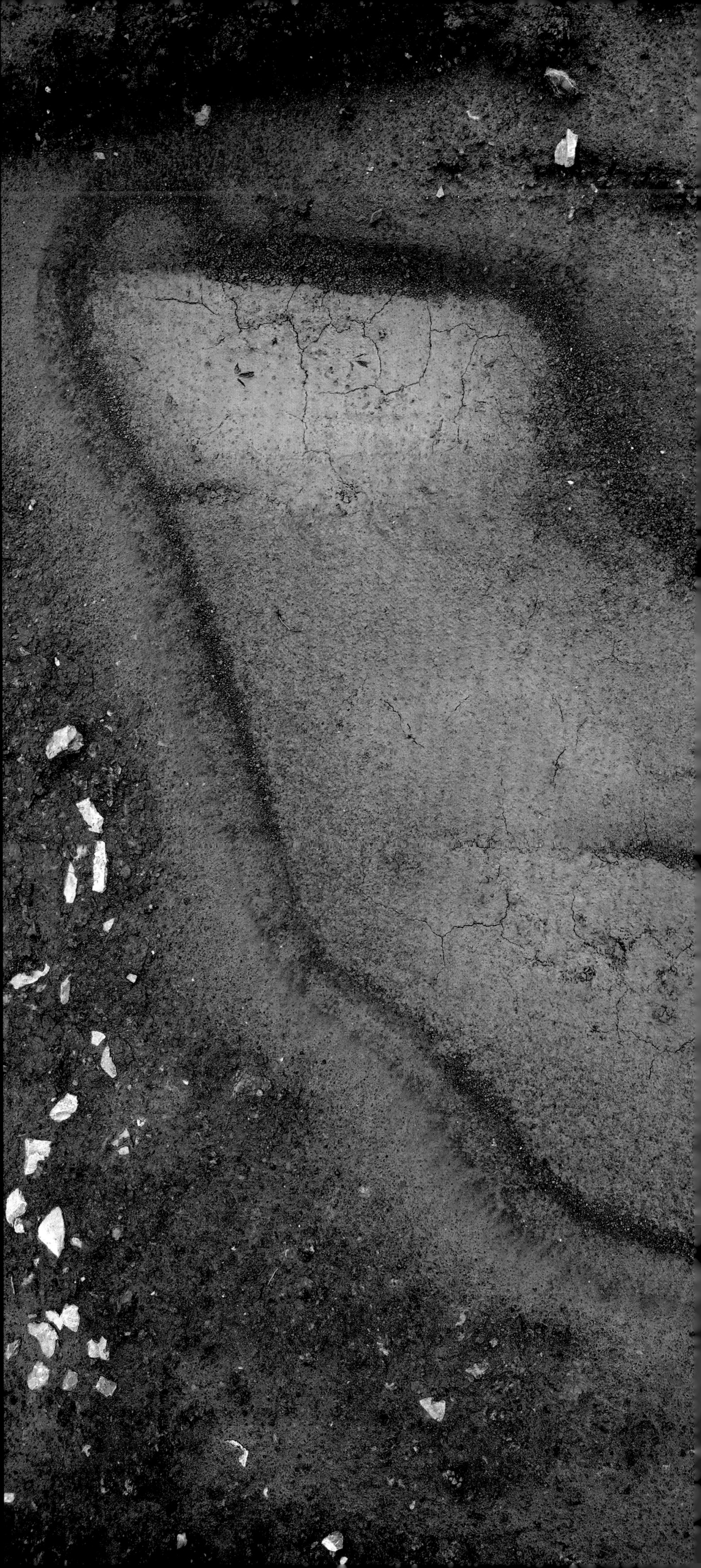

无题

ZOOMLION

东太湖生态园

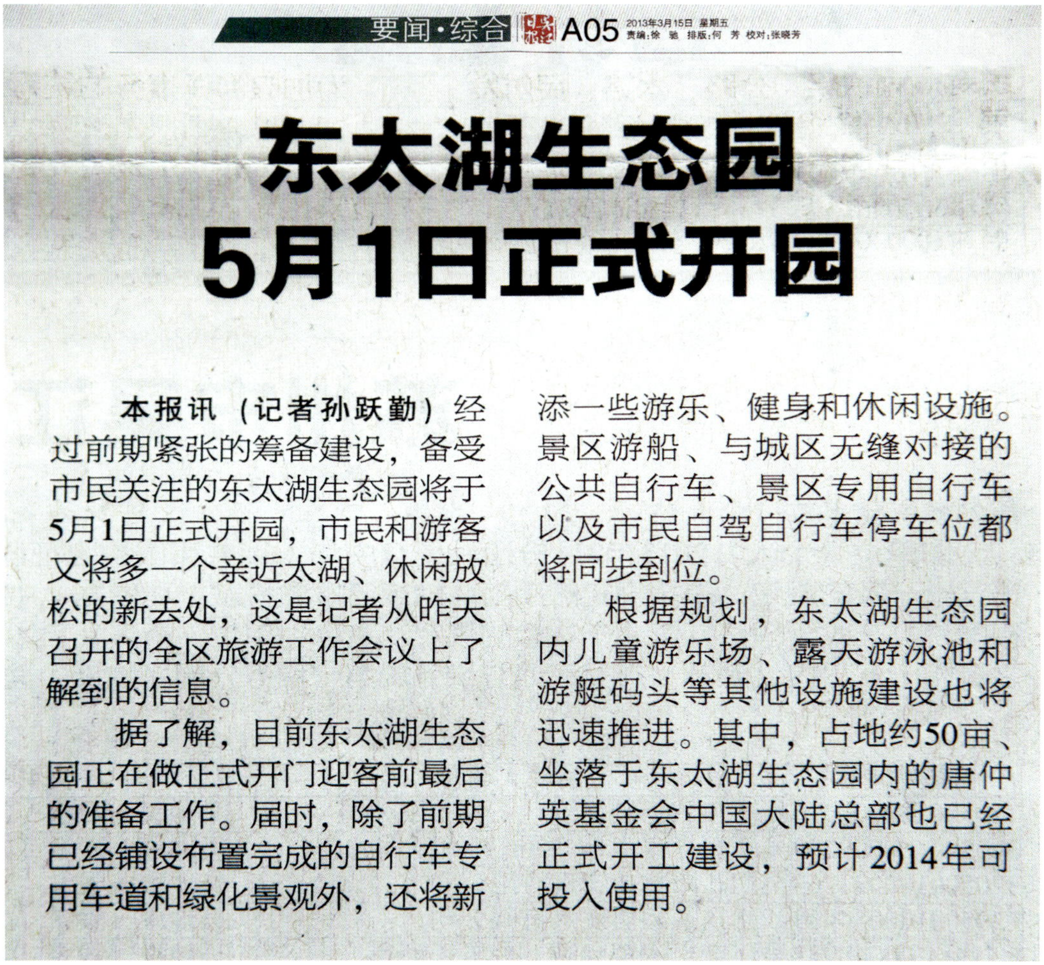

要闻·综合 A05 2013年3月15日 星期五 责编:徐 驰 排版:何 芳 校对:张晓芳

东太湖生态园 5月1日正式开园

本报讯（记者孙跃勤） 经过前期紧张的筹备建设，备受市民关注的东太湖生态园将于5月1日正式开园，市民和游客又将多一个亲近太湖、休闲放松的新去处，这是记者从昨天召开的全区旅游工作会议上了解到的信息。

据了解，目前东太湖生态园正在做正式开门迎客前最后的准备工作。届时，除了前期已经铺设布置完成的自行车专用车道和绿化景观外，还将新添一些游乐、健身和休闲设施。景区游船、与城区无缝对接的公共自行车、景区专用自行车以及市民自驾自行车停车位都将同步到位。

根据规划，东太湖生态园内儿童游乐场、露天游泳池和游艇码头等其他设施建设也将迅速推进。其中，占地约50亩、坐落于东太湖生态园内的唐仲英基金会中国大陆总部也已经正式开工建设，预计2014年可投入使用。

G A N
R U I

甘瑞

1990年生于贵州

实验摄影人

精神纠结体

我一开始总在猜想那白色液体是什么，为何要将身体放置在白色的液体里。但是她一开始就没有想过这个液体代表什么，她觉得白色液体可以代表很多东西。这里很好玩的是我们总会主观地去判断画面里出现的东西所代表的含义，但是往往所有的意义都是观者主观添加进去的。犹如一丝空气被封存后，我们总能给封存的行为找无数个动机。

——黎光波

L : 黎光波
G: 甘瑞

L:《No.09915701x》这组作品，是你毕业后这几年接触社会后的有感而发，当时你是一个什么样的状态?
G: 我高二的时候开始接触相机，大概也就是在2007年，因为喜欢摄影我才去读研，研究生学的是摄影方向，对摄影抱有很大的期望。但是后面因为一些其他原因，加上本科的同学朋友都处在已经开始工作的状态，我觉得自己的收获并没有别人大，思想上和资金上也没有其他人那样自主，为人处事相对会幼稚一些。我在这几年接触社会的人跟事的时候，会发现我的处理方式跟他们是不一样的。

L: 所以说你的这组作品是你加入了很多自己对社会的看法在里面，想把它们封存起来?
G: 刚开始我是想把这组作品做成标本的形式，类似标本馆，陈列比较复古，把社会现象加上我自己的理解，封存在那里。

L: 你为什么会想到以这样的创作形式来表达你对这个社会的理解?
G: 因为我很喜欢水，喜欢自由潜水。潜水的时候是不带任何吸氧设备的，就直接一口气潜到水下十几米。在那个状态下，你会感觉到压抑感和自由感，因为在水里面的时候，只能专注于自己的呼吸，只能自己跟自己交流，跟外界是隔绝的，更多的是自我内在的交流。我就会想其实我在社会上也跟这种状态差不多，可能是因为我接受的教育和家庭观念的影响，我不想太世俗。社会上有这么多人，每个人都有不同的一面，我就想记录下来。记录下来的同时我就想那就做成标本，做一个自己的标本博物馆。

L: 你前面的作品都还比较简洁，后面的作品就加了一些形式感，开始有一些突破。
G: 创作有一个阶段性的过程，一开始我想的比较简单直白，就想拿一个人体去表达。女人就跟花一样，百花齐放，争奇斗艳，这其实就是一个对比，所以我就把花加进去了。下面这张图片（见图片部分注1）我的感触就比较深刻，其实女人本身就是个花瓶，花也代表了女性，她的手势像小朋友想要穿公主裙的感觉，花好像插在花瓶里。花瓶、花、女人体、公主放在 起有很多隐含寓意。

L: 封存你看法的液体，是福尔马林还是冰?
G: 我没有想过这个液体代表什么，你可以觉得它是任何东西，根据你们自己的感受来吧，我更觉得它是空气，只是说我们现实生活里它能代表的就是封在一个缸里面的，或者是自己给自己的某种介质。

L: 我觉得通过女性来表达比前面通过男性来表达，在你的观念里面又和观众更近了一点。
G: 是的，可能因为自己是个女生。

L: 你以后有什么计划?
G: 我没有想过这么多，读研的三年我拍了三年的纪实，现在想更多地表达自己的内心吧。我最初拍观念是在四年前，后来我发现少有人认可。我比较失落，所以我停了很久不拍观念了。以后就想拍好自己的东西，不会过多地去在乎外界的看法了。

No.09915107x·2017

注1

No.099151077

Cain & Abel · 2016

这三组作品想表达与倾诉的正是人与自然、给予与致歉，以及循环往复的关系。

我们因生存向自然索取，为了获得更多逐渐衍生出贪婪。但自然曾经养育过更为强大的物种，也让这些物种顷刻间遭受毁灭，对待人类亦是如此。

人类因渺小而无法偿还，那么如何珍惜自然并怀抱谦卑向自然致歉，是我一直着迷的方向。

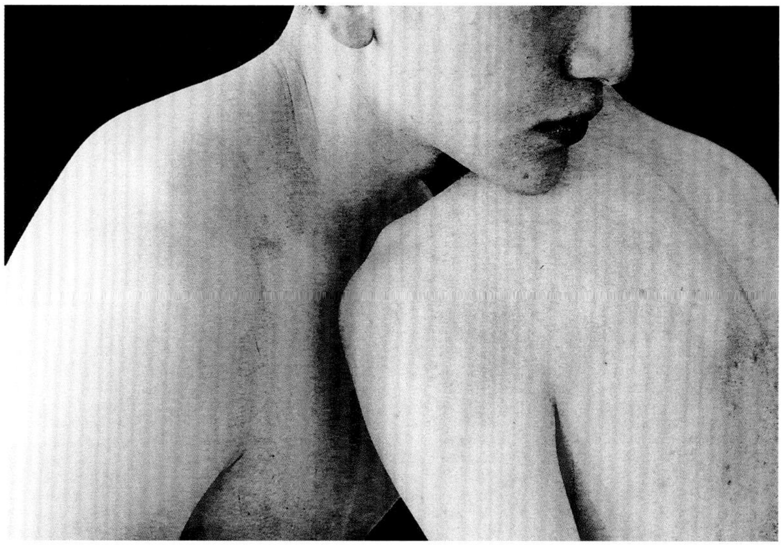

该隐与亚伯。亚当与夏娃被逐出伊甸园后生下的第一对兄弟。哥哥该隐嫉妒弟弟亚伯得到了神的恩宠，而杀了亚伯。该隐也因此被神流放降罪，因善妒并且背叛兄弟遭受了巨大的诅咒。这是人性的贪婪与恶。

Event Horizon，天文学术语，即黑洞边界。一切宇宙物质包括光经过时，都会被黑洞的引力吸入，再也无法逃脱。是物理学中具象的生死边界，也代表着宇宙自然中足以致命但也充满无限可能的力量。

G A O
S H A N G

高上

1992年生于哈尔滨
曾荣获Artand2016年度影响力大奖摄影类金奖
入围2016年度“青年艺术100”
《女人的梦》获第四届全国大学生现代摄影大赛入围奖
2013年参加北京798玫瑰之名艺术中心“韩中日国际美术家”展
2015年参加韩国釜山“韩中日国际美术家”展
2016年参加“On The Road 在路上”国际青年摄影师联展
2016年参加北京国际摄影周“日常·遇见”中外青年摄影师作品联展
2016年参加北京“青年艺术100”展

我们小时候总喜欢用半天的时间来观察一片凋落的树叶或在墙角来回爬的蚂蚁。长大后，我们的视野变得很广，没有时间再像小时候一样去观察这个世界。似乎还记得万花筒中那个叠加出的内心世界，一切看起来很普通的东西在这魔术下分裂重组，构成幻想中的模样。

——黎光波

L：黎光波
G：高上

L：第一组作品《冬季的超现实幻想》是在极简主义中夹杂了一些魔幻的元素吗？
G：这一组作品以雪为主，因为我是哈尔滨人，我是伴着雪长大的。我以前非常喜欢萨尔瓦多·达利（备注1），他非常热爱自己的家乡，一直在赞美他的家乡，我也想用影像去赞美我的家乡。

L：这组作品大概是从什么时间开始创作的？
G：应该是大三的时候，我创作了《大真的生长》（见图片部分注1）。刚开始是想把东北的一些特质表现出来，包括自己对冬天的幻想，有一些就不单纯是超现实的幻想了，还带有隐喻和讽刺。《少年军的量化实验室》（见图片部分注2）就是在讽刺中国的应试教育问题（画面的下方有一个门，喻意我们每个人都是批量生产出来的）。

L：这组作品中有没有你觉得特别有意思的画面？
G：感觉最有趣的一张是《永远进不去的空门》（见图片部分注3），是献给中国足球的。其实我特别喜欢杉本博司的作品《大海》，我就是想把大海拍成雪一样，没有尽头。

L：这组作品中还有一些特别干净的画面，这些画面在南方基本上是没有机会看见的。
G：对，这一组可能南方朋友都比较喜欢。

L：就是一夜之间整个城市被白雪覆盖，然后露出一些特别干净的东西，这种视觉感应该很爽。从这组照片里可以很亲切地感觉到那种干净。照片中这个雪球是你堆的吗（见图片部分注4）？
G：它就是一个球，不是我堆的，上面的眼睛是我自己加的。

L：我看到这个画面时就只有一个想法："去吧，皮卡丘。"
G：这张照片叫"子宫的回忆"，我把这个球比喻成受精卵——生命的开始。

L：那这组作品不单单只是想赞美家乡吧？
G：第一是想表现一些童年的经历，一些童话故事什么的。第二是想赞美哈尔滨，就是想让大家知道哈尔滨非常美。第三就是我非常喜欢雪，雪能够带给我生命力。

L：《生命的构成》和《冬季的超现实幻想》的差别很大，里面用了很多图像的复制、重组、万花筒等无限重复的东西，组合成很有生命力萌动的画面。当初为什么突然想做这样的作品？
G：因为我父亲是一名医生，家里人希望我长大也去当医生。我父亲有一本人体解剖书，我总拿来翻看。做这组作品的前一阵，这本书被我从箱子里找出来了，我又重新看了一遍。

L：画面中被你模糊得分不清来由的元素是什么？
G：树、树枝。因为树代表生命力，就用树来做载体，来呈现。

L：所以你全部以树为元素，来重组了一个生命在你心目中的构成关系？
G：对，因为我特别喜欢树，我觉得树就是生命力的代表。

L：我挺喜欢《Have You Ever Seen the Star》（见图片部分注5），这个八芒星代表什么？
G：代表人的生命，最早的结合，生命的开始。

L：这组作品完成多久了？
G：这组是上大二的时候创作的，一共做了十张。这组作品现在已经告一段落了。

L：《生命的构成》这组作品应该是你对实验影像的第一次尝试，作品完成的周期也比较长。这十张画面里，花时间最长的是多久，最短的是多久？
G：《胚胎》（见图片部分注6）那一张花的时间最长，要用很多的图片去叠加。

L：能够看到很多重复，当时是刻意建立起一个对立的关系？
G：上大学的时候学习了平面与构成，我特别喜欢上这门课，画一些重复的东西。然后就有了这个想法，在创作的时候就按着去做。最开始是把一些东西抽离，然后再慢慢把一些东西重组。

L：我感觉《轮回》这组作品里面的形象都像特别怪异的生物。
G：其实这一组作品中有一些关于宗教和中国神秘传说中的形象元素，比如说《封神演义》中的一些人物，还有一些《山海经》中的怪物什么的。

L：当初这组作品主要是以《山海经》的神话故事为蓝本进行创作的？
G：最开始的时候不是，只是想做一些鬼、怪物什么的，然后做了几张，就开始看《山海经》里面的怪物，便想往里面带入。

L：作品里面所表达的神魔鬼怪，是他们在你记忆中的样子，还是像你在某一本资料书里形容的本来就是这个形象？
G：在自己心里面是这样一个呈现。有一种反差感。

L：通过这种抽象化的方式去进行一种你自己的表达，这组作品和你前面的《生命的构成》相对比的话，显得更加魔幻、迷幻。当初为什么会想到做神话这样一个题材？
G：我想通过一些中国本土的神话去寻找某种信仰，这是一个出发点。在去做的时候，素材都是树木、山川、河流、冰雪等大自然的东西。

L：对你自己而言，你是怎么定义这组作品的？
G：对我自己来说，用这个载体去创作，大众觉得是不是摄影，已经无所谓了。

L：这组照片你为什么会取名叫"轮回"，是因为你把这些自然的元素例如冰和山脉拍摄下来，抽离化成一个个大自然的所谓的产物，让生命再回归到大自然。是这样一个意思吗？
G：对，你说得很对。生命周而复始，最后肯定是回归大自然吧。

L：最开始你说你现在是一名技术工人，那摄影在你现在的生活中占据着一个什么样的位置？或者说你在用一种什么样的眼光来看待它？
G：会很累，但是动力会很足，因为有压力就有动力，还想继续坚持做。后面有一个作品《红书》，主要是以心理学为主题，通过图像组合再构的方式展现。还有一组作品以冰花为主题，今年冬天开始做的，已经做了七张。

备注1：萨尔瓦多·达利，1904年5月1日出生于西班牙东北部的加泰罗尼亚省，是超现实主义绘画大师级人物，与毕加索、马蒂斯一起被认为是20世纪最有代表性的画家，享有"当代艺术魔法大师"的盛誉。1989年1月23日逝世。

Have You Ever Seen the Star#1（注5.1）

Have You Ever Seen the Star #2（注5.2）

胚胎（注6）

受精卵

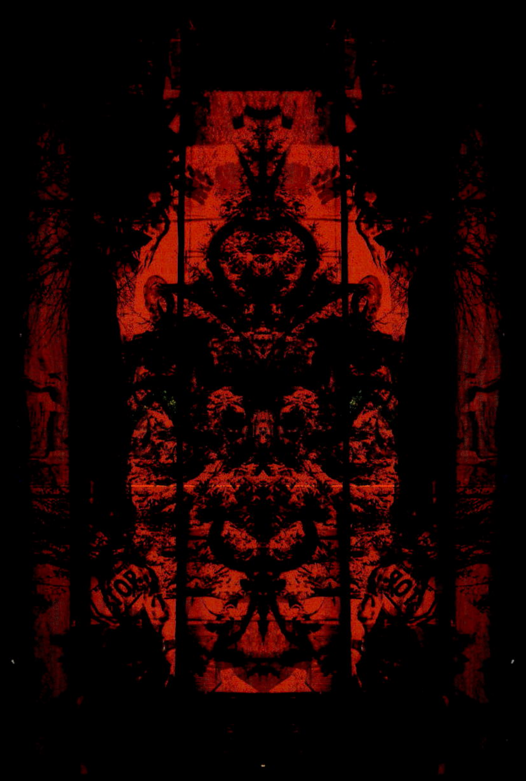

树精

先知

诸怀

H E
B O

何博

1989年生于四川德阳
北京电影学院图片摄影理论及创作方向艺术学硕士
现工作生活于北京
2016年获第16届中国平遥国际摄影大展“艺术观念类优秀摄影师奖”
2017年入展第9届三影堂摄影奖作品展

当代摄影艺术实践中对现成图片的再创作已越来越普遍，以此探索图像文化更多的可能性。图像与创作者和观者之间的权力关系在这些实践中被调整或者更新，这些或严肃或戏谑的图像游戏，让关系与规则、事实与虚构、公共与私密，以及不同拍摄手段之间的界限变得模糊且深刻。“意义”被交由观者自行赋予，图像与观者之间本就极不稳定的关联被可视化。

——黎光波

L：黎光波
H：何博

L： 你的《延伸的刺点》、《从此没人和你说话》、《自拍者：尺笺传影》三组作品里很多都是运用现有的文案和图片作为原始素材进行再创作，摄影的行为变得很模糊。可以说说当初为什么这样做吗？
H： 一方面是因为我在研三的时候突然对老照片感兴趣，并且收集了一些老照片，同时也把老家的照片拿出来翻看；另一方面，当时我不想拍照了，因为我不喜欢把自己日常拍的一些照片作为自己的作品，觉得它们还不足以成为艺术作品，所以有段时间我没再拍照。当时就对现成的老照片，包括日常生活中不作为艺术品的一些照片产生了极大的兴趣。再加上2014年我去了法国，在法国看到很多年轻的艺术家也用现成的照片作为素材进行创作，所以我觉得自己也可以尝试着这样做一下。

L： 为什么你认为拍照片不足以成为艺术作品？
H： 一方面我是不想拿自己的照片来作为艺术品。更重要的一点是，我想要看看如果把这些已有的照片作为创作素材，它们还有哪些再创作的可能性能在艺术的领域里供大家去解读。

L：《延伸的刺点》这组作品一共有几张？
H： 一共做了11张。

L： 你是用什么标准来选取这11张老照片的？
H： 我会选取自己觉得比较有意思的照片。比如在一本老相册里，有几张照片在拍摄内容上和其他的老照片有点不一样，比较独特，我就会把它们选出来。

L： 照片中认识的人居多，还是陌生人居多？
H： 陌生人居多。这11张老照片来源于两方面：一方面是我自己家里的照片；另一方面是我在二手市场买的别人的照片。我也不太清楚他们是谁，所以陌生人居多。

L： 作品选取的标准就是你是否觉得有趣或者照片是否有特点吗？
H： 对，只有这一个标准，没有其他标准。

L：《延伸的刺点》我看见你分了两个板块，第一个是“图片弹幕”板块，第二个是“文字弹幕”板块，有没有第三个？
H： 应该说是有第三个，第一个板块其实是原来的老照片，第二个板块是文字，第三个板块是图片。第三个板块有些图片来源于网上，少部分是自己拍的，还有一些是著名的照片。我把它们拼接出来，其实是和第一个板块照片中的主人翁动作是比较像的。

L：《延伸的刺点》重视观者的回应，以及文字与图像之间非常具体且不稳定的关联，对此你为什么会有一个比较深的了解？
H： 是这样的，我们先说文字吧，其实在最开始做的时候，弹幕还没有得到大规模的运用，也就是说当时是不知道存在弹幕这个形式的。因为不同的观者对作品的解读和诠释是不一样的，而且他们的诠释只能用一句话来概括，所以不同年龄段、具有不同的学习背景和对摄影不同认知的观众的差异能够反映到文字层面，我觉得这是个非常有意思的事情，而且是个很简单的事情。我只不过把大家在看画廊里和报纸上照片时的反映具体化了而已。

L：《延伸的刺点》目前一共参加了几次展览？
H： 5次。

L： 其中有没有一次你试着让观者把对图像或者文字的反映反馈给你？
H： 有，第一次是北京电影学院研究生毕业展的时候，以及2015年大理国际影会。当时我拿了两张在作品中出现过的原始照片，然后贴在展场里面，当时就请观众直接在照片上写下他们的一些想法。

L：《从此没有说话》涉及6个恐怖袭击事件。你怎么来选取这6个事件？
H： 因为作品涉及很多人的头像，所以我找的是一些受害者相对较多的事件。

L： 选取事件时，你不选取众所周知的事件，而是对某个地方而言有严重转折的事件，是吗？
H： 是的。因为一方面我的阐述里面有谈到促使我做这组作品的直接原因就是“查理周刊事件”（备注1），当时我就想到，在当下的国际环境里，这种小范围、小规模，同时又被媒体关注的恐怖暴力事件是非常多的，所以我就比较自然地联想到了能不能从比较细致的角度深入。另外，从体量方面来说，我需要寻找一些有一定体量的受害者的事件，但如果受害者数量太多，我收集资料这个工作就会是一件非常困难的事情，所以“二战”和“海湾战争”这类事件就没涉及，这也是其中一个因素。

L： 你的这组作品的难度系数比较高，作品的体量也非常大，为什么还要选择加入摩尔斯码？是为了让观众通过这种方式参与对作品中隐藏信息的解读吗？
H： 单从画面本身来说，在影像层面，摩尔斯码一方面表现了受害者，另一方面表现了加害者。作为外来者我们很难再把自己的情绪和思想具体地落实到这样一个事件中，我是基于一个人死后无法跟他沟通这样一种情感才去想到在作品里面能否让观众跨越某些障碍去和死者甚至是凶手有一定的沟通，因此我就想到了摩尔斯码。在创作《别斯兰人质事件》(备注2)时我就在想，当时几百个人被凶手劫持在体育馆之后，他们有哪些渠道向外界传递信息，我当时猜测可能就会用到军事领域里的摩尔斯码。所以我把关于某一个事件的某一句深刻的话转化成摩尔斯码，这样的话我就能对观众有一个区分，有的看完就走了，有的就愿意留下来根据摩尔斯码对应的表格去破译这个作品里面到底是藏了哪一句话。

L:《自拍者：尺笺传影》是你和许雷隔空虚构的一场表演。为什么会想到和他一起做这样一个虚构的事情?
H: 缘起是何伊宁老师，她创建了一个群，里面多是一些摄影艺术理论的青年研究者，她要求我们两三个人一组在三个月内完成一个项目。这个项目可以是艺术创作，也可以是理论研究，然后在项目完成之后统一在群里汇报。我和许雷分到了一组，就想这个项目如何进行，于是我们互相问了一下对方的兴趣爱好，最后决定用现成的照片来进行创作。

L: 从形式上看是回到了《延伸的刺点》，只是比《延伸的刺点》做得更好玩了。
H: 是的。因为《延伸的刺点》还没有修改照片，《自拍者：尺笺传影》对照片本身进行了改动。

L: 这里面虚构了一场隔空的信件对话，我觉得这个比较有趣。你后面提到这组作品是为了思考整理你和父亲之间的关系，我作为一个观者来思考，你好像是回到了你父亲当时的一个角色和环境以及当时的心情里去写下这一封书信，那你有没有去深刻研究一下你父亲当时的生活状态，以此来写这一封书信?
H: 可以说是有，但是没有专门去问他，因为他去新疆参军的那段经历让他非常难忘和自豪，他是一个非常正统的人，但是人很温和，他觉得为国家服务、贡献青春是一件非常值得骄傲的事情。从小他就给我讲他的这些事情。我因为从小家里面一些事情的缘故，在十几岁二十岁的时候是不太想和他交流的。到了这两年自己也长大了一些，家里也比较稳定之后，我想要重新思考我和爸妈的关系，就想不妨以此为契机，既然自己也在做创作，那就在这个过程中去虚构体验感受一下，他那段对他来说最快乐的时光到底是怎么样的。

L: 我看有张照片许雷写着“我这里也有两张今年春季登古山时的自拍留影”，是你故意留下的吗?因为在当时他们那个环境下是没有“自拍”这个概念的。
H: 对，故意留的。因为我们当时想做的作品本来就不是一个纯还原历史的东西，我们其实是站在现代人的角度回到20世纪80年代的时代背景去虚构。

L: 这个作品是已经完成了，还是依旧在做?
H: 已经完成了，因为当时我们只是为了完成这个项目，算是一个作业吧。没想到后来会去参展，是做到差不多一个月之后，何伊宁老师说要把我们这组作品选送到厦门摄影堂这个展览上展出，所以我们需要在一个半月之后把它结束。

L: 你们俩在这段时间里除了信件沟通之外，在微信或者其他通讯工具上有对其内容进行沟通吗?
H: 我们当时约定的是只在微信里沟通展览的事情，比如用到什么材料之类的，但是对于信件，包括照片的具体内容是不会向对方透露的，所以每次还是很期待的。因为很多时候我写信的内容是基于他上次给我寄的信的内容，每次寄信收信都是一种非常神奇的体验。

L: 在这两个多月的时间，你们一共来回“通信”多少次?一共虚构了多少张照片?
H: 来回5次，一共10封信，共虚构了20张照片，我和他各10张老照片。

L: 你现在从事的是摄影编辑方向，那你觉得拍照片和看照片哪个是你以后的方向?
H: 我觉得没有一个主次。因为谈到看照片的话，我这三组作品就是基于看而进行的再创作。我觉得现在这个工作好的一点就在于看这么多的照片和文字，其实是对摄影理解的不断拓展和升华。至于我自己的创作是否继续，或者要怎么继续，看情况。

L: 那我可以理解成你现在更喜欢写照片评论的方式吗?
H: 嗯，我觉得某种程度上可以这样理解。如果可以称得上是创作者的话，我觉得自己是一个非常低产的创作者，每个作品都需要一定的时间去积攒灵感、素材或者思路。我现在的编辑工作其实对我积攒灵感、素材是一个非常好的帮助，能让我看到更多，而不像原来那样处于一个闭塞的状态。

备注1：查理周刊事件，当地时间2015年1月7日，蒙面枪手袭击了法国讽刺漫画杂志《查理周刊》的总部，造成12人死亡，包括4名漫画家。枪手在袭击时自称是来自也门的基地组织。

备注2：别斯兰人质事件，2004年9月1日，车臣分离主义武装分子在俄罗斯南部北奥塞梯共和国别斯兰市第一中学制造了一起劫持学生、教师和家长作为人质的恐怖活动，到2004年9月3日事件基本结束。

从此没人和你说话·2013

我把事件中已被媒体确认的加害者的肖像合成到一起作为每幅作品的基底，而组成这些肖像的细小元素则是与此次事件相关的大量图片。肖像之上覆盖着事件受害者的嘴部特写，这些红色正方形截图共同构成了一句与事件相关的话语（来自受害者及其亲人或者袭击者），并以摩尔斯码的形式呈现。这一项目还包括6个音频，分别对应6幅图像。

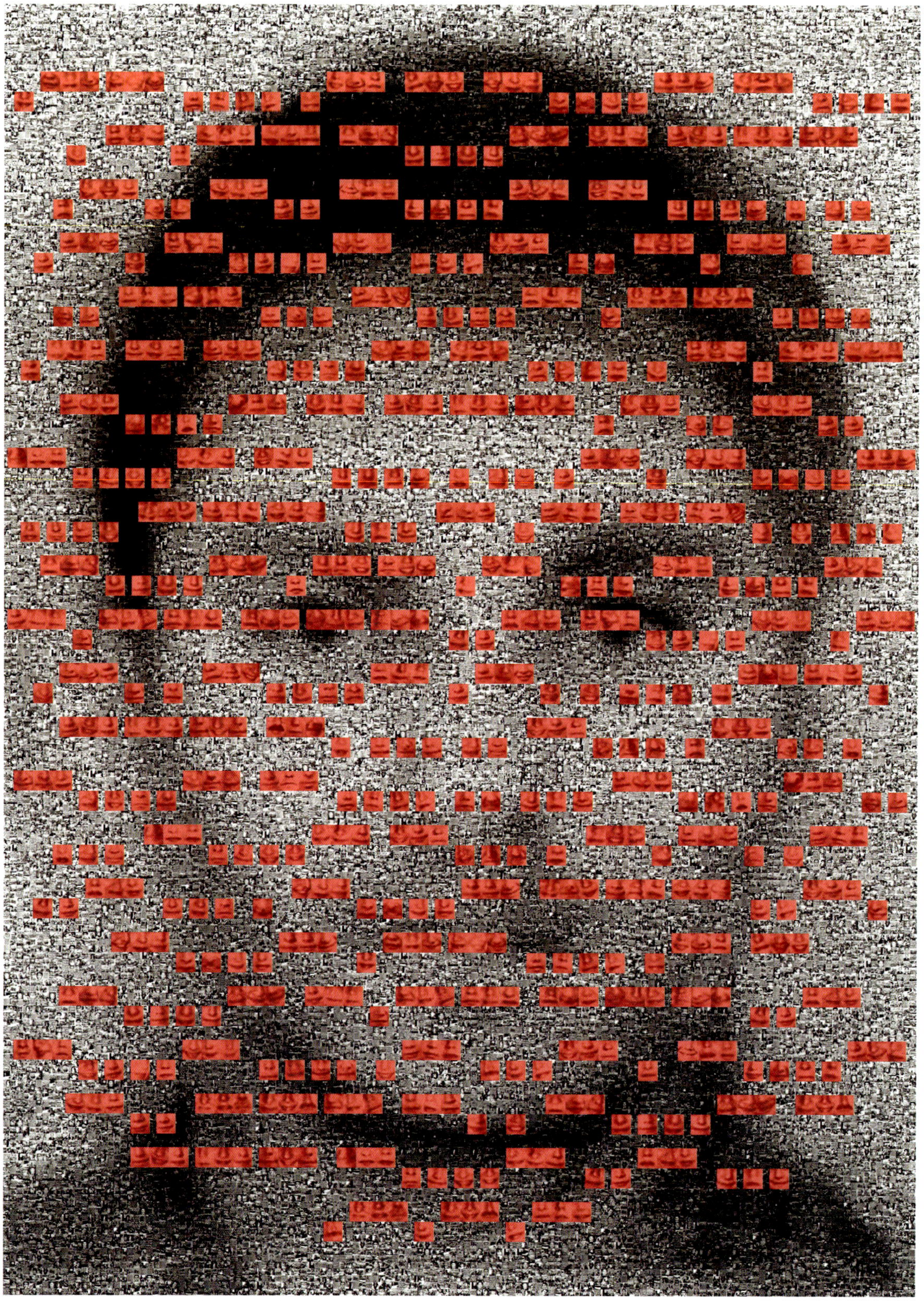

2004年9月1日别斯兰人质事件，《从此没人和你说话》

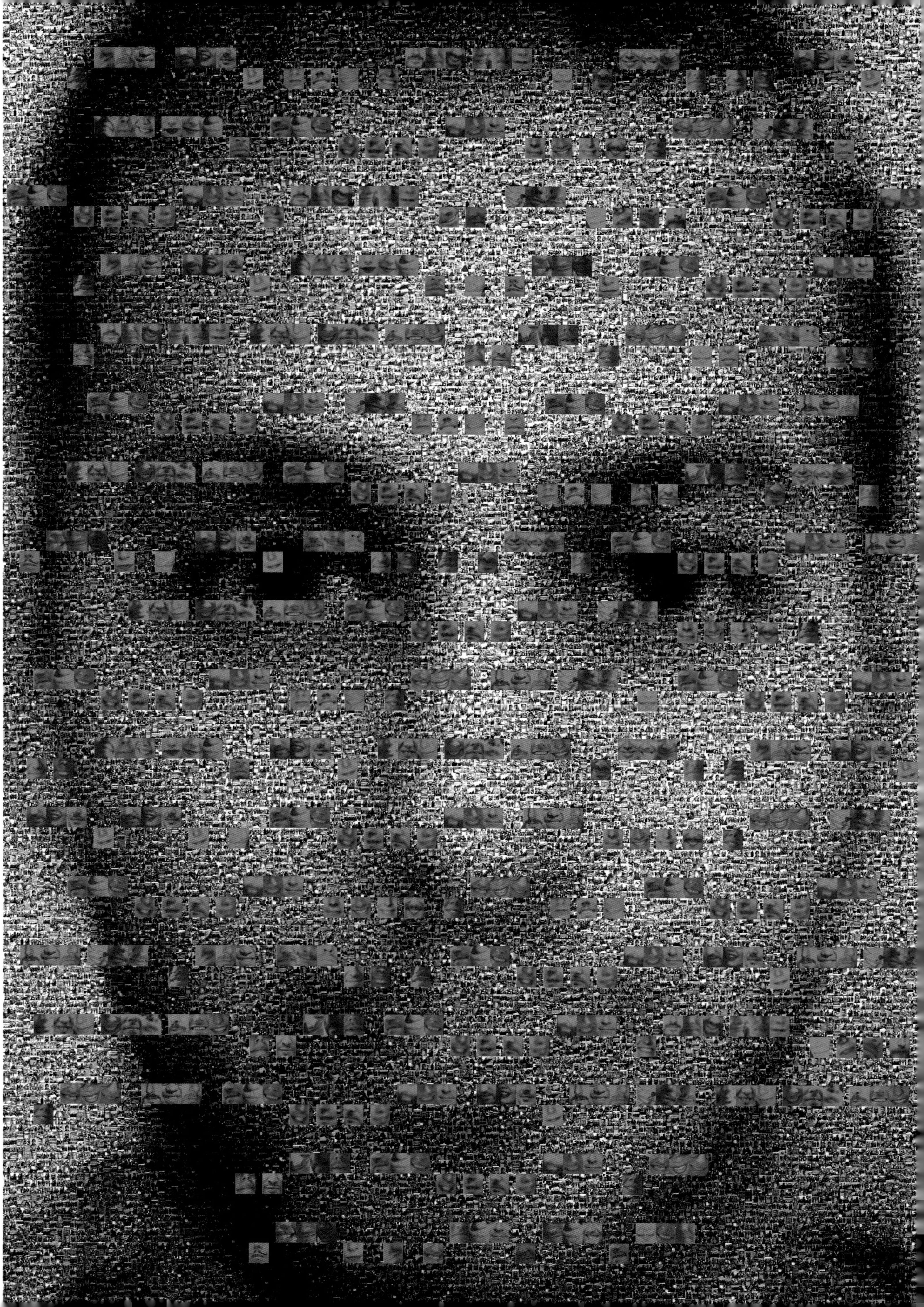

2015年11月13日巴黎恐怖袭击事件，《从此没人和你说话》

1999年4月20日科伦拜恩校园枪击事件，《从此没人和你说话》

2015年1月7日法国《查理周刊》总部袭击事件，《从此没人和你说话》

自拍者：尺笺传影（部分）·2016（与许雷合作）

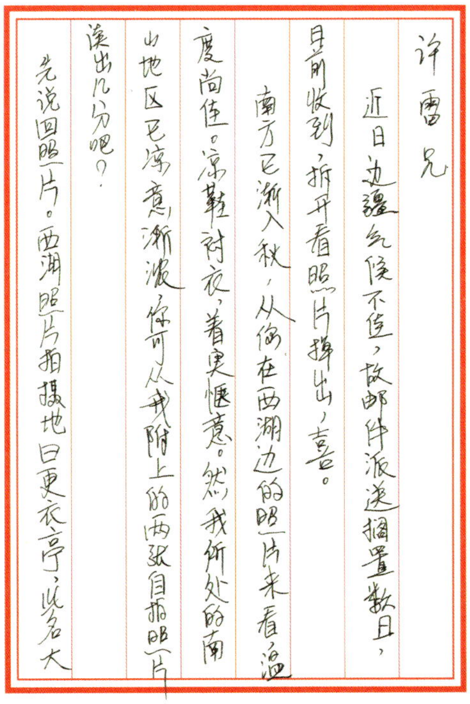

许雷兄

近日边疆气候不定，故邮件派送搁置数日，日前收到，拆开看照片择出，喜。

南方已渐入秋，从你在西湖边的照片来看温度尚佳。凉鞋衬衣，着实惬意。然我所处的南山地区已凉意渐浓，你可从我附上的两张自拍照片读出几分吧？

先说回照片。西湖照片拍摄地曰更衣亭，此名大

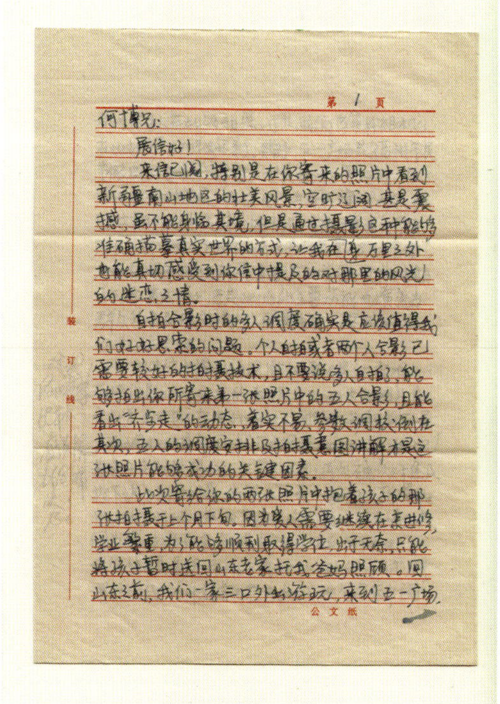

第 1 页

何博兄：

展信好！

来信已阅，特别是在你寄来的照片中看到新疆南山地区的壮美风景，空旷辽阔，真是震撼，虽不能身临其境，但是通过摄影这种能够准确描摹真实世界的方式，让我在万里之外也能真切感受到你信中提及的对那里的风光的迷恋之情。

自拍合影时的多人调度确实是应该值得我们好好思索的问题。个人自拍或者两个人合影已需要较好的拍摄技术，且不要说多人自拍了，能够拍出你所寄来第一张照片中的五人合影，且能看出“齐步走”的动态，着实不易，参数调校倒在其次，五人的调度安排及拍摄意图讲解才是这张照片能够成功的关键因素。

此次寄给你的两张照片中抱着孩子的那张拍摄于上个月下旬。因老婆人需要继续在京进修学业繁重，为了能够顺利取得学位，出于无奈，只能将孩子暂时送回山东老家托我爸妈照顾。回山东之前，我们一家三口外出游玩，来到五一广场

公文纸

自拍者：尺笺传影（部分）·2016（与许雷合作）

生活在不同城市的我们分别虚构了两位20世纪80年代身处异地且身份不同的摄影爱好者，此二人围绕“自拍”这个主题分别实践，并以书信的方式互相交流拍摄经验和想法。

基于共同的规则，我们尝试在创作过程中进行相对个人化的线索梳理。何博通过加工自己父亲年轻时的照片，试图将父亲热衷谈及的往事落实到具体的影像层面，希望以此思考整理父子之间的关系。许雷通过对福州代表性景点留影照的解读重构，并结合文字、档案等，以期从一个侧面对当时摄影及相关活动进行梳理，探索影像在社会发展中的独特价值。

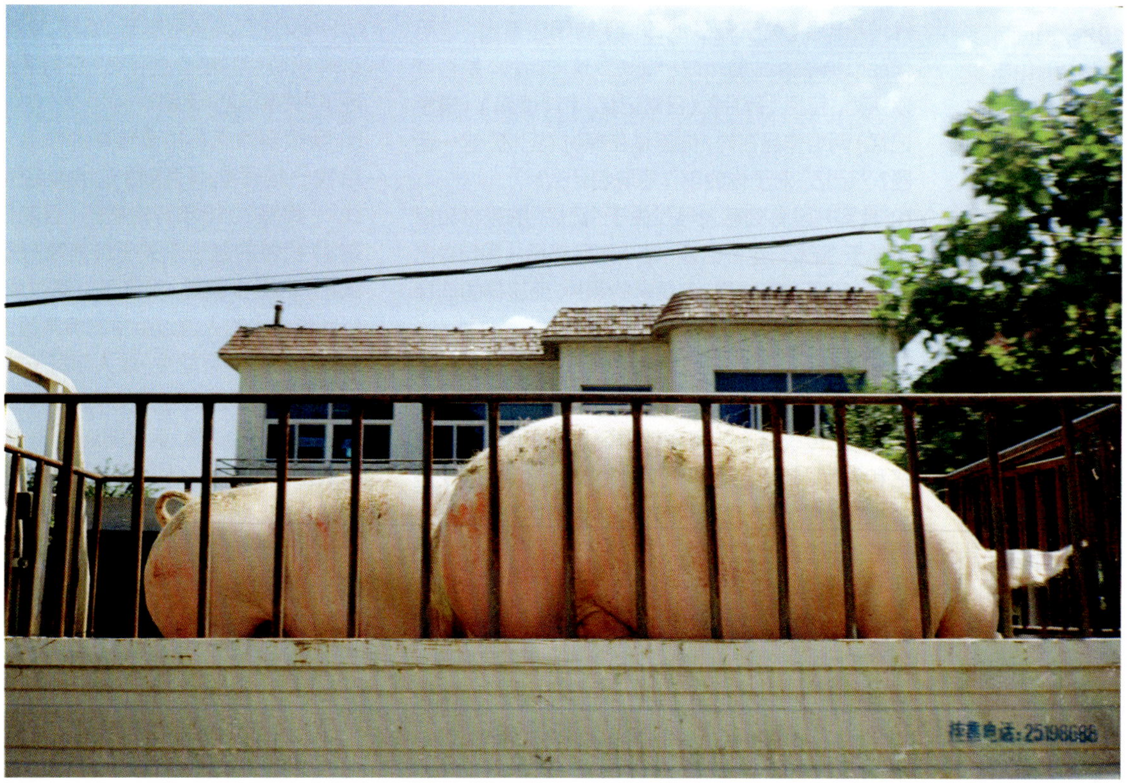

爱是一种遇见，却无法预见。因为好奇恋人间的相处，于是我采访了身边的一些朋友，请求他们讲述各自难忘的一段爱情经历，从相遇、相知、相爱到分手。在这个过程中我发现，每个人对情感的表达都有不同的方式，有的是对情感的直接宣泄，有的是把情感隐藏在一连串的数字符号之中，抑或是对未来的期许。随后我选择他们分手后遗留下来的物品作为拍摄对象，并让他们在照片下附以文字来表达那段经历所遗留下来的感受，最后呈现出这样一组作品。

这组照片采用传统的蛋白工艺制作完成，制作过程复杂且缓慢，要经过很多次试验才能得到一张满意的照片，每张照片都充满了无限的不确定性，这种充满惊喜与不确定性的过程，正如爱情一般，令人难以控制。蛋白工艺所特有的影调使照片更具有时间感，传达出一种消逝的情绪。

作品最后是以照片与文字并置的方式呈现的，观者可以从影像与文字中体会爱情给人带来的不同感受。经过物品主人文字的表述，这些看似平常的恋人间的礼物，承载了年轻人对爱情的一种追忆和感殇。

A330-200A330-300A330A330-600R1995111978
1998459.05.6460.317.405.282P3253136GE
CF6-80E1PWPW-4000-100RRTrent700
0.8612500120.547.513P100A330-200230
t11850km A3301986IA330/A340A300/A310A3
30-200203223243203CF-80E1223243203
CF6-80E1223PW4170

—— Tankoki.

当青春期的刺被初恋带走，
留下未来对爱情的别样诠释，
我爱他，几个曾经，
或者说我只是爱当时青涩的自己，
谢谢你。

当青春期的刺被初恋带走，
留下未来对爱情的别样诠释，
我爱他，几个曾经，
或者说我只是爱当时青涩的自己，
谢谢你，ArrivederCi!

—— Diya 涩

第一次见到你，傻傻的，白色棉T恤、牛仔短裤，还有爷爷们才穿的皮凉鞋。跟我一样喜欢呵呵的笑……

你工作很忙，但即使再累也会挤出时间陪我，也会包容我的无理取闹，谅解我、照顾我、疼爱我，却把所有的苦涩默默的吞下。

后来由于各种原因，你去了北京。记得分别的时候，你望着我的背影，望着我的无奈，望着我止不住的泪水……

妮儿

第一次见到你，傻傻的，白色的棉T恤，牛仔短裤，还有爷爷们才穿的皮凉鞋。跟我一样喜欢呵呵的笑……

你工作很忙，但即使再累也会挤出时间陪我，也会包容我的无理取闹，谅解我，照顾我，疼爱我，却把所有的苦涩默默的吞下。

后来由于各种原因，你去了北京。记得分别的时候，你望着我的背影，望着我的无奈，望着我止不住的泪水……

关于梳子的印象·2016

梳子是我们生活中常见的日用品，特别是女性使用得最频繁，每个女性都有一颗爱美的心，她们注重自己的外表，一遍又一遍梳理着自己的秀发。

关于梳子，有很多儿时记忆是奶奶和妈妈带给我的。我大概从2015年开始收集旧梳子，然后用它们作为元素，通过在织布上涂抹感光材料，记录下梳子的影子，来追溯童年时期对梳子的特殊情感。

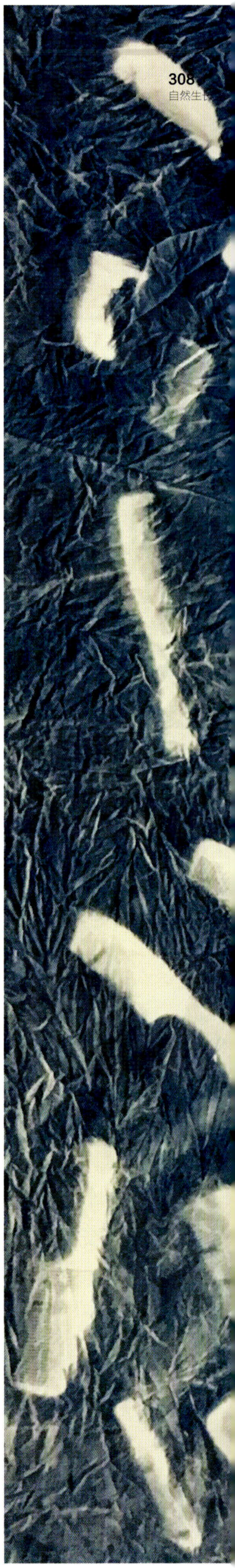

00:00:19

00:02:50

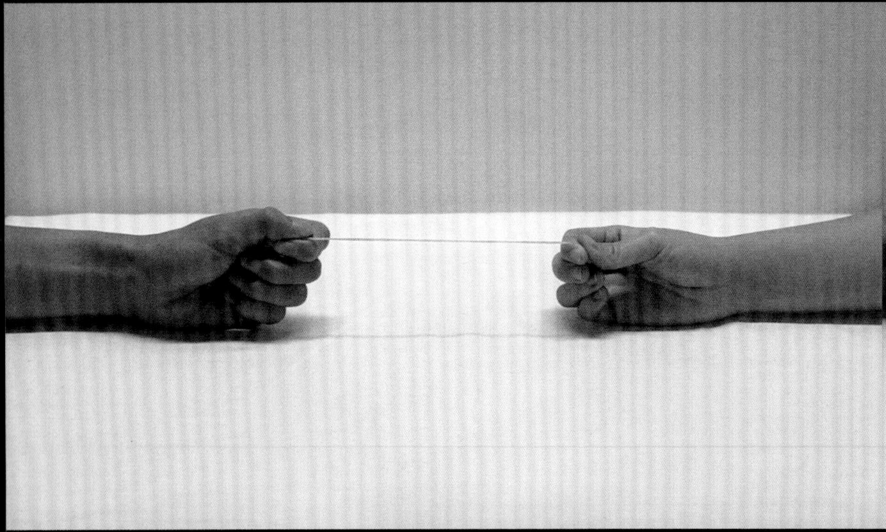

00:00:56

00:02:22

00:03:11

两端1（视频截图）

两端3（影像装置）

00:02:25

H U ZHAOWEI

胡兆玮

1994年生于杭州
现就读于浙江传媒学院摄影专业
2017年入围“伯奇杯”创意摄影大赛十佳创意摄影师
2017年入展第9届三影堂摄影奖作品展

末日一直是人们关注的话题。我们是谁？要到哪里去？胡兆玮的《23：47》就呈现了一个这样的虚拟世界。战争、人口和环境危机造成了人类的灭亡，而在这样的灾后社会中，秩序崩塌，信仰和道德失无所失。这是一个预言，更像是一则寓言，我们带来了什么？留下了什么？失去了什么？毁灭了什么？我们应该怎样活着？就像他作品最后所说的：“不管事情变得有多糟，人们总是能够去选择的。”在信息和危机双重爆炸的当代社会，也许我们是该有自己的选择了。

——何青

H: 何青
h : 胡兆玮

H: 先介绍一下作品《23：47》的主题和由来吧。
h: 这个作品主要是想探讨关于“世界末日”这样一个话题，有自己搭建的一些场景，也有引用一些电影的截图和网络新闻上的图片，还有类似于物件装置的一些东西，是一个比较流动的作品。其实这个作品展览过三次，每一次展览呈现的内容都不一样。每展览完一次，我就会去反思然后修改一些东西，甚至有的东西会直接被我推翻，重新进行拍摄，有一些我会进行重新排版。经过反复修改，最终在向北京“三影堂”摄影中心投稿时，算是阶段性地完成了这个作品。其实，一开始我并没有想到这样一个主题，我高中毕业的时候想和朋友一起去平遥摄影节办展览，当时我们五个人选了一个关于“城市化”的题材，有一些正面的东西，也有一些负面的东西，然后做了一个虚构的城市，有点类似于现在这个作品，有很多虚构的东西。在我们解散之后，我觉得只办了这样一次展览很可惜，我就提炼了里面的一些内容重新定了一个主题。

对于这个"末日"题材我并没有太多相关的生活经历，我无法去体验"末日"这样一个环境。首先我想到的是日常生活中的一种焦虑，之前我听过一句话"我们活在一个非常焦虑的时代"，我觉得这句话说得非常好。我当时看到一篇报道说，"末日之钟"是冷战时期一个末日科学家在冷战危机那样一个环境下对离"世界末日"还有多久这样一个世界局势进行判断的时钟。直到2015年的时候，时钟再次走到了23点57分，也就是"末日"前三分钟，这意味着现在的世界局势其实要比我们想象得更为紧张。通过这个报道我就觉得自己好像活在一个看似很和平的世界里，其实背后暗藏危机。

后来我看到一个神话故事，讲的是一个国王每天都在吃喝玩乐，过得逍遥自在。一个叫达摩克利斯的大臣看到国王这样很不高兴，他对自己只能过平淡无趣的生活感到十分不平衡。有一天这个国王就对他说："那我和你交换一下彼此的生活吧。"然后他们就彼此交换了生活，达摩克利斯就穿上国王的衣服在宫殿里吃喝玩乐。到了晚宴的时候，他吃饭吃到一半抬头一看上空吊着一把剑，这把剑是用马鬃系着的，随时都有可能掉下来要了他的命，他落荒而逃，逃到宫殿外的时候一个大臣告诉他，其实国王每天头上都悬着这样一把看不见的剑，这把剑代表着整个国家随时可能发生的内乱或者战争，这把剑虽然看不见，但确实存在的。后来人们就把这种看似安乐实则存在危险的境况称作达摩克利斯之剑，这张照片就是由此而来的。有一张照片反映的是《启示录》15：1的片段，源自《圣经》里面的一句话，因为我母亲是信教的，有次她和我聊天，就像《启示录》谈到人类的灭亡，她觉得人类最终会走向灭亡，只是时间长短的问题。

H: 介绍一下这个作品的内容吧？

h: 这个作品主要分为两个部分：第一部分谈"末日"前可能会发生的一些事情；第二部分讲"末日"之后，里面虚构了人在这样一个世界里的生活方式、生活态度以及各自的信仰。我先讲第一部分。第一部分有很多隐喻性的意向，比如这张地球仪的照片，我把整个地球都涂成白色，就想表达整个世界在遭遇"末日"后，国家、信仰、人类都被抹去了这样一种感觉。那张扑克牌的照片，源于我之前看到的一部纪录片中所说的，"我们这样的一个社会是建立在一个脆弱不稳的经济上的，我们创造了错综复杂的系统，却不知道该如何掌控它。越是复杂，就越是不堪一击"。2001年美国政府提出搞一场军事模拟演习，随后一种新型天花病毒便在美国某一个州的超市扩散。这场演习是在一个模拟的空间中进行的，但最后的结果却是美国政府根本无法控制这样的病毒扩散。所以我作品的第一部分就是在谈"末日"的各种可能性。后面讲的是美国的一个核实验基地，当时我在网上找到它的一个平面图，让我觉得非常恐怖，那块地方不停地进行核试验，全是弹坑，很容易让人联想到假如说真的发生战争，整个世界就可能变成这个样子。第二部分讲的就完全是自己虚构的东西，我拍了很多场景，因为当时还要忙于学业的缘故，布置的场景缺少打磨，所以不是很专业。

H: 后面场景的图片是你高中的时候拍的吗？

h: 不是，是我大一寒假时拍的。那时候家里有个小房子，我就每周买各种东西回去拍。虽然当时条件比较艰苦，最终的效果我还是挺满意的。里面引用了一些电影的场景和小说的场景，就像下面这一张照片（见图片部分注1）就是引用了小说《地铁2033》中的一个场景。这部小说讲的是俄罗斯发生了核战争，所有人都跑到地铁里，外面非常寒冷。在地底下他们是不用钱来交易的，是用子弹来交易的，子弹可以拿去换食物，也可以用来杀人。有一个游戏就是根据这个小说改编的，我把这个游戏的图片放在小说的左上角，成为这张作品的组成部分，我把小说中的引用，以及所有与人物有关的东西全部划掉了，剩下的东西是关于末日世界的一种叙事性的补充。

后面的两张照片（见图片部分注2、注3）引用于小说《末日危途》：未来如巨大的废墟，一个父亲和他的儿子进行着漫无止境的旅程，他们留着两颗子弹，当自己真的走不下去的时候，他们可能就用那两颗子弹结束自己的旅途。两颗子弹一直在电影里面重复出现。这组作品参考了很多资料，我把关于这些资料全都放在展览组提供给我的一张桌子上，让别人在看这些作品的时候，像看"作品的边角料"一样去看它们。当然"边角料"也算是作品的一部分，它能够让观众更好地去理解这个作品。

我喜欢把大量的电子游戏和电影的图片存在一起，大概有三百多张吧，最后精选了一百多张，放在投影仪上播放，很多图片看上去就感觉是特效，不是真的。其实有很多影视作品在探讨人对于末日的想象，然后我就把这部分作品想象的那个末日世界捆绑在一起，然后不停地播放，这也算是作品的一部分吧。它就像一个流动的作品，因为每一次展览的图片都不一样，如果它只是一个虚构的作品的话，在表达上就是薄弱的，如果再加上一部分，或者把之前收集的与末日有关的"边角料"全部组织在一起，它才具备一定的体系，所以最后的作品呈现，就成了现在这个样子。

H: 你以后有什么创作计划？

h: 准备毕业作品，因为我好像做东西比较慢。之后可能打算考研，去英国留学，想读纯艺术的专业。

H: 毕业作品对你来说还是太早了。（笑）

h: 摄影对我来说有很大的局限，如果你去做一个纯粹的艺术创作，你就会发现，其实很多媒介都可以拿来用，你不会因为自己是一个摄影师，就必须把自己的作品做成图片。我在学纯艺术之后，发现其在表达方式上更加自由开放，更加流动。现在的摄影艺术好像有两种很明显的趋势，有的人在创作的时候会加入很多东西，包括各种各样的文本，他的作品其实并不全是摄影，但他还是定义为摄影。另外有的人，就是对摄影的一种回归，比如说得新锐奖的高山，他获奖之后就回去拍他的母亲，就回归到那种瞬间的直接的拍摄。当然还有很多人在把摄影往多样化的方向发展，不过我觉得这样的多样化发展在摄影的领域还是太局限了，还不如直接跳出摄影的圈子，等有一定积累之后，再对摄影做一个回归。

H: 说说你出国留学的想法。

h: 出国的最大好处就是你可以获得一种国际视野，这是出国的最大收获。对我来说其实还早，我现在正在准备英语。某种程度上也是因为国内摄影教育理念好像还不够成熟。老师拿自己的价值观去规范学生。如果大家拍出的照片都让一个人满意，那大家拍出的照片最后都一样，摄影就成了模式化的工具。这不是摄影教育的目的，摄影教育的目的应该是引导我们自然生长。

我们离末日究竟有多远？2015年1月22日，芝加哥大学《原子科学家公报》杂志于1947年设立的“末日之钟”被拨快了2分钟，距离“象征世界灾难末日”的午夜时分仅剩3分钟，这也意味着人类面临的生存威胁上升到冷战结束后的最高水平。诺斯特拉达穆斯的“1999年7月世界末日”预言曾让亿万人心神不宁。如今，1999年已经远去，但我们是否就此太平？从冷战时到最近作出的一个个末日预言，诸如大陆陆沉、文明消亡等，现代人一直都处在旷世浩劫的阴影下。无论后人将如何看待我们这个时代，我们这个时代都堪称一个焦虑的时代，并且我们要比过去半个世纪的人们承受着更为泛滥的恐惧。

《23:47》的主题从两个部分展开：第一部分探讨的是有关末日的种种可能性，从核战冰期到生化恐惧、人口以及气候环境问题，并从人类的集体危机延伸到国家甚至个体的灭亡、政变、暴乱、信任危机所带来的隐喻式的末日；第二部分虚构了一个遇到毁灭性灾难的世界。通过用稀少的物品和文字来探索这片土地上人们的生活状态、信仰和秩序，以及用虚构的合成影像来展现地域、气候和环境，有限的表达让真实的人和虚拟的世界产生隔阂，并由此产生个人对灾后世界的好奇和窥探的欲望，在时空和地域的迁移下产生对人的情感和文明异化的假想。两部分互相独立又互相联结，共同构成这个时代我们对于末日议题的想象和讨论。终究零点前的三分钟还是会令人感到紧张和不安，假如能够再多给这个世界十分钟的时间，也许我们还有机会去挽回。

#01

#02

#03

COFFEE

#04

#05

在裸露岩石和干旱沙漠绵延不绝的景色中，可以见到地上有一些巨大的
碗状圆坑。
In the exposed rock and dry desert scenery, can be seen on the ground there are
a number of large bowl shaped crater.
密密麻麻的核弹炸坑，那不是山丘。
The dense nuke pit, that's not the hills.

#06

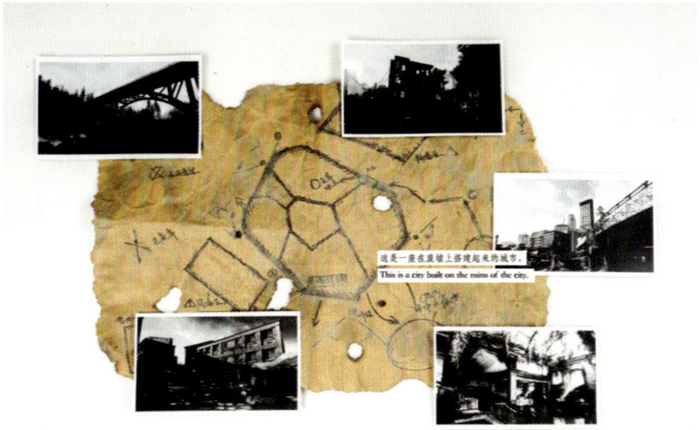
这是一座在废墟上搭建起来的城市。
This is a city built on the ruins of the city.

#07

#10

#08

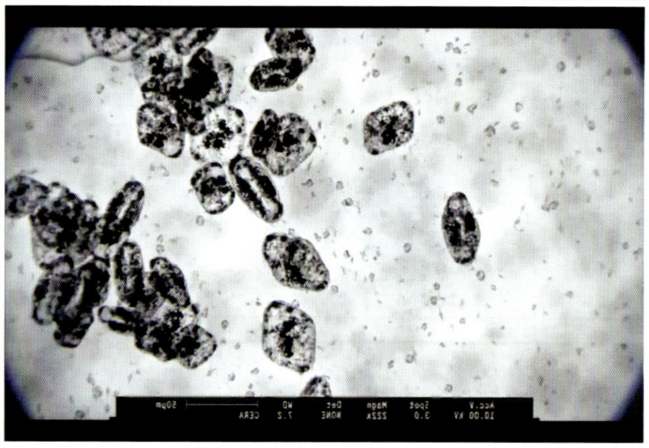

#09

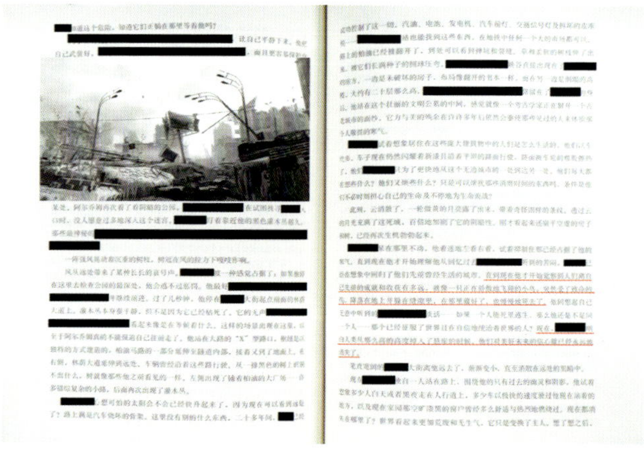

#11（注1）

#12

#13

#14（注3）

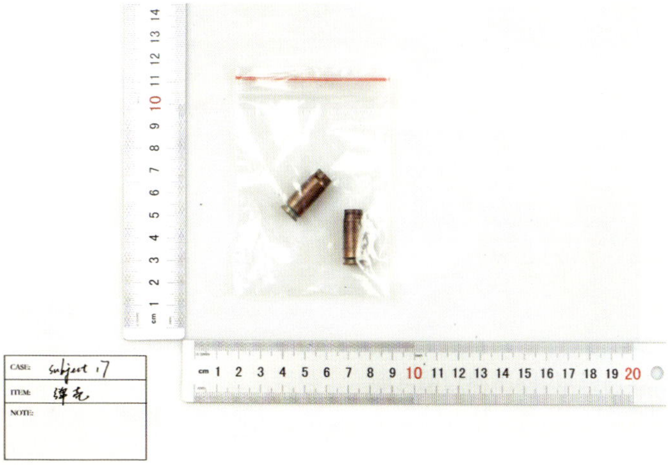

#15（注2）

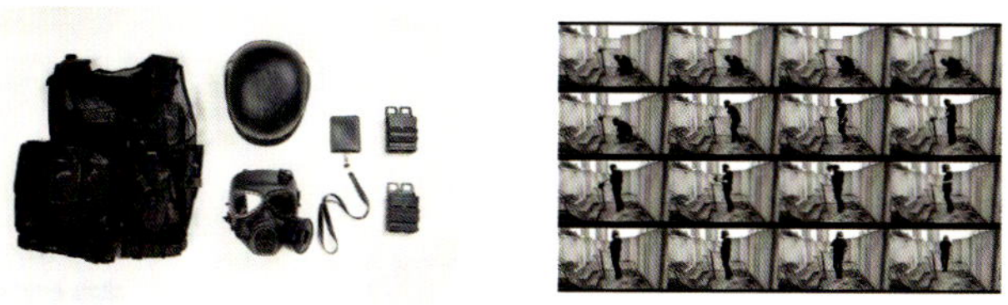

一个士兵的死亡，00:28，视频截图
A soldier's death, 00:28, video screenshot

#16

#17

#18

#19

There is no spcae·2016—2017

（注1）

人跟城市一样有诞生和毁灭，在两者之间被塞入各种事物。《There is no space》用一系列影像和行为再现了这一过程，试图探讨生存空间对人内心和思维的影响。

整个故事从这里开始
从水果味套套里的小蝌蚪
直到垂头丧气的老酒鬼
人生的一切
特酿啤酒
滴药的针管
一生中一切激动人心的事
从摇篮到坟墓
喧哗与骚动
都止于我们
化成灰
湮没于尘土
到此结束

The whole story is here,
from thwarted sperm in banana-flavored rubber
right through to the yellow, hacked-out gob of ancient drunks.
All of life.
Cans of Special Brew.
Dripping needles.
All the great excitements that get us from cradle to the grave.
The sound and the fury.
It all ends with us.
Incinerated.
Obliterated.
No more.
（注2）

Day 1
Day 3
Day 10

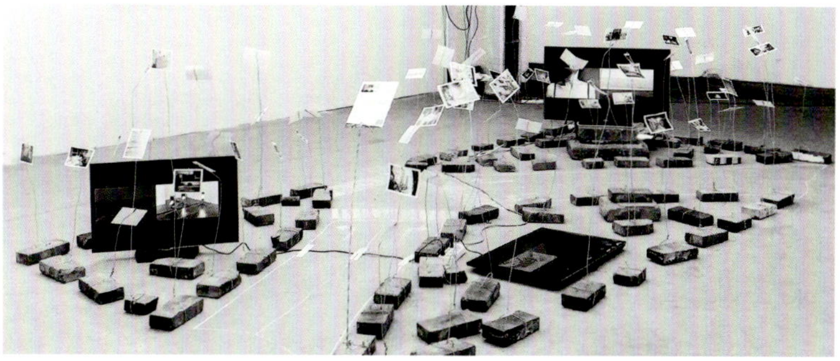

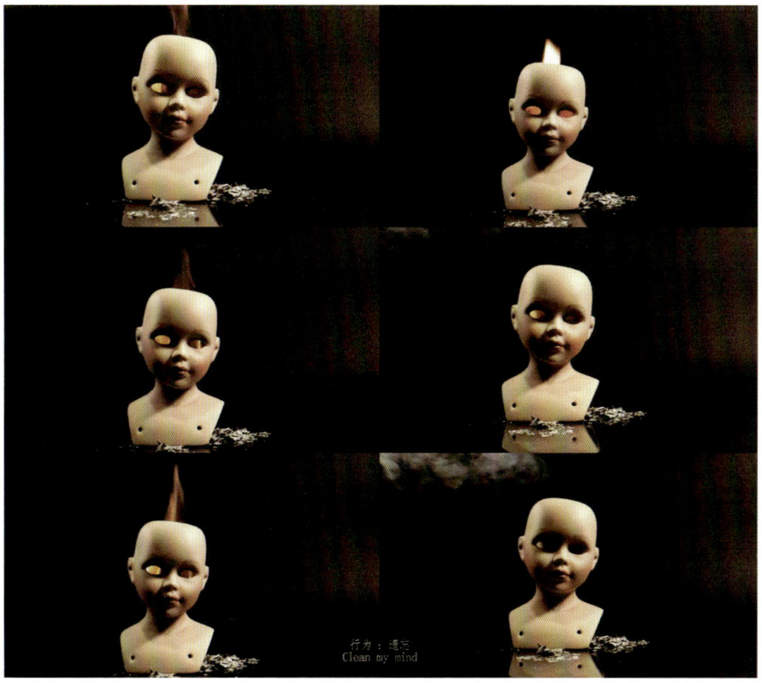
行为：遗忘
Clean my mind

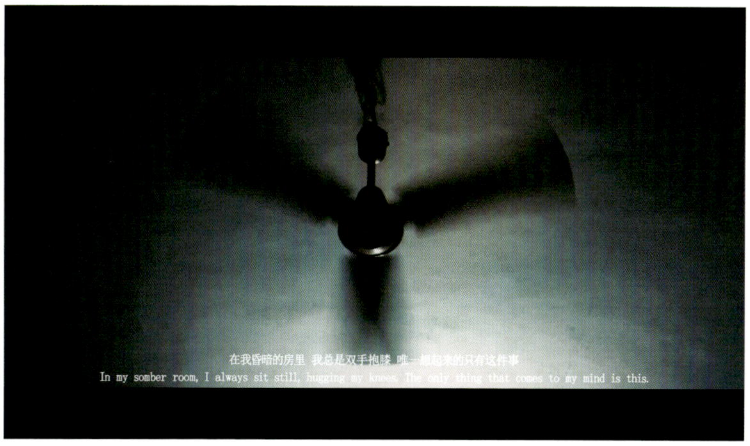
在我昏暗的房里 我总是双手抱膝 唯一想起来的只有这件事
In my somber room, I always sit still, hugging my knees. The only thing that comes to my mind is this.

善变的年纪里

贪婪的你我

像彩虹一样吞食各色

名字是身份的指代和象征。日常中我们有本名、昵称，在网络上我们还有各种不同的用户名、笔名，它们分散在生活的每个部分，构成数据时代一个人的原始代码，信息多且庞杂。在筛选的同时我开始好奇一切的起因与将要到达的终点。名字不过是一个代号、一种假象，而我们最真实的身份是一个没有名字的人

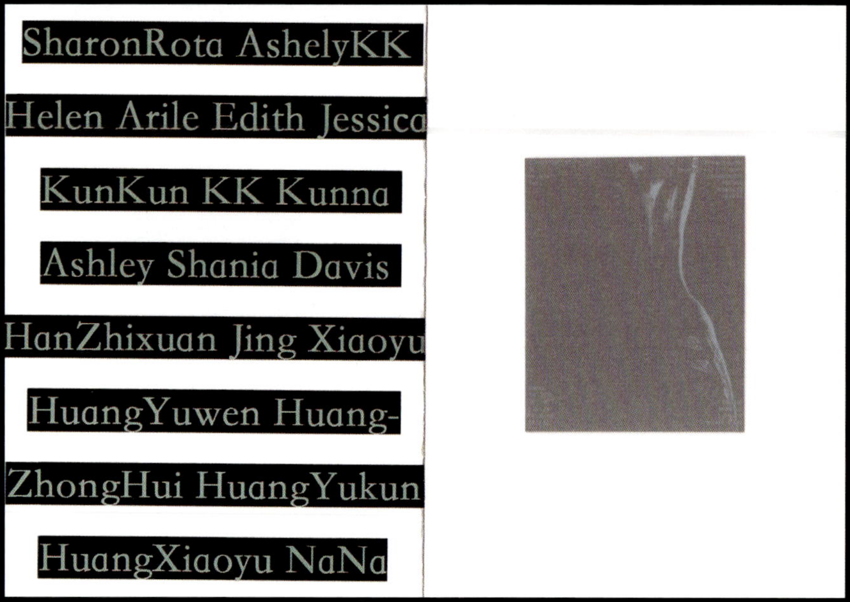

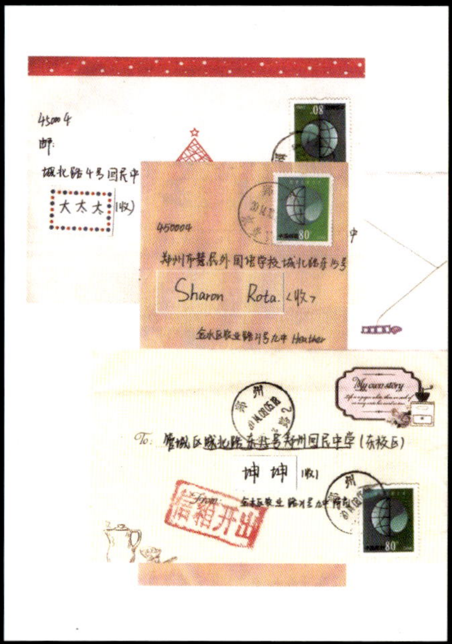

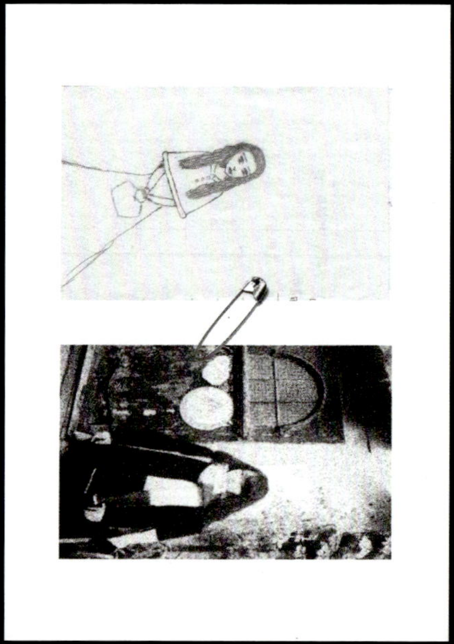

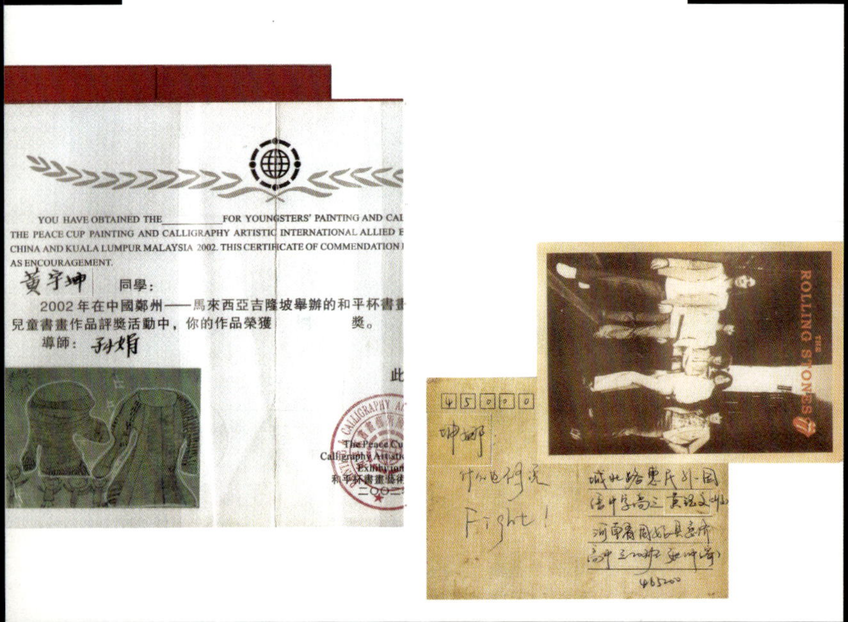

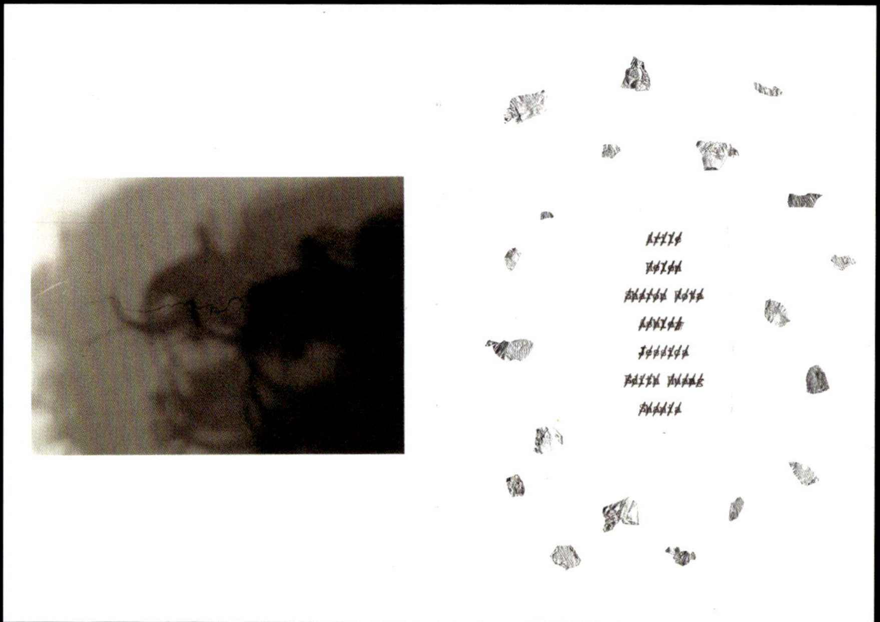

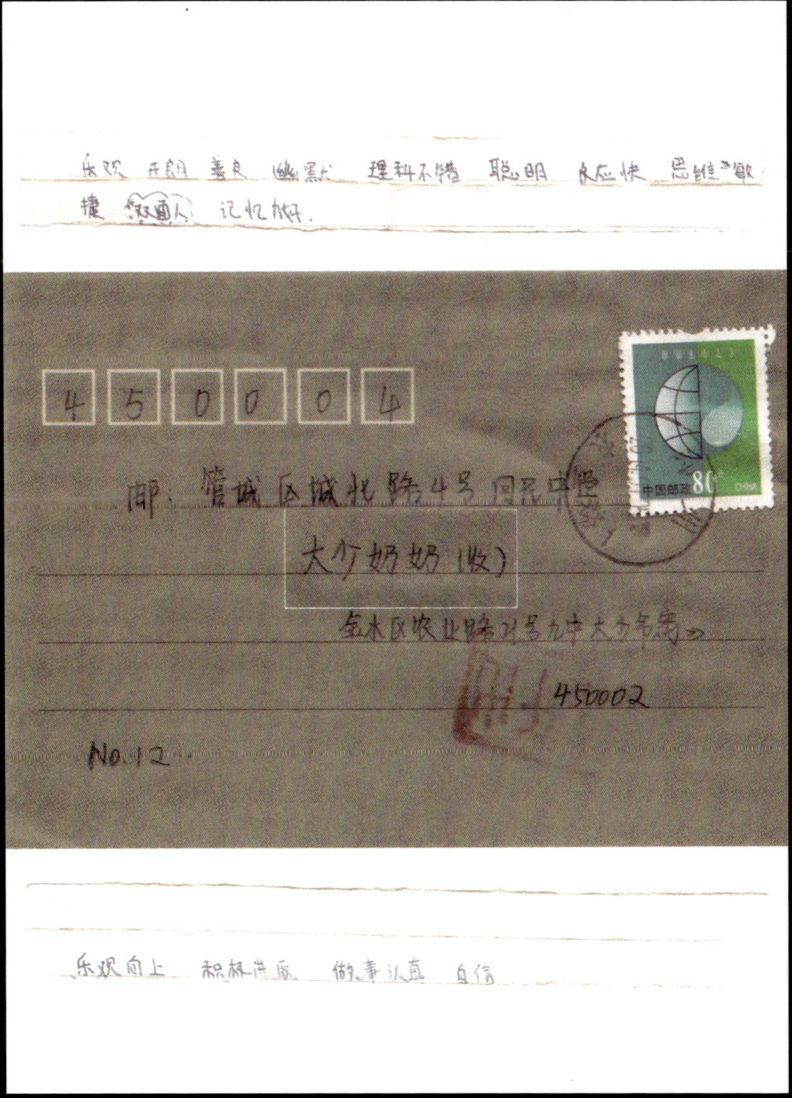

450004
大竹奶奶（收）
450002
No.12

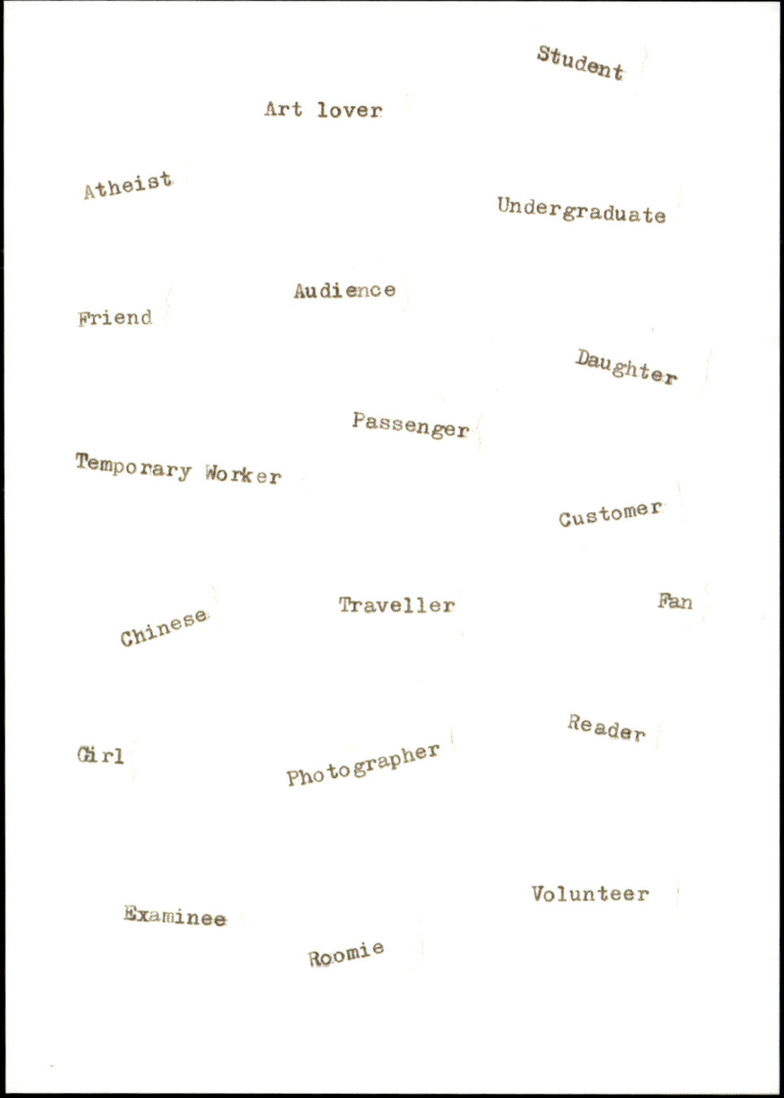

Student
Art lover
Atheist
Undergraduate
Audience
Friend
Daughter
Passenger
Temporary Worker
Customer
Chinese
Traveller
Fan
Reader
Girl
Photographer
Volunteer
Examinee
Roomie

450004
Dear Ashely ~
DEARKK

Happy Birthday
to Kun Kun

黎光波

1992年生于重庆
实验性摄影师
影像策展人
“自然生长”85后中国摄影师摄影计划负责人
《情绪记录馆》创始人
获第16届中国平遥国际摄影大展“中国摄影艺术发展专项基金”新人培养奖

当我们谈论摄影时我们在谈论什么？谈论美，谈论回忆，谈论情绪与哲思，谈论生与死的每个瞬间。黎光波是一个聪明、努力的摄影师。他从商业摄影转向观念摄影，又在观念摄影中转了好几个弯。他的作品有向外的：对我们这一代人的记录、对互联网和社会事件的思考；也有向内的：人在自然中的存在、个体对未知的好奇、情绪和孤独。他的手法风格融合了纪实摄影、导演摄影、超现实主义、装置艺术，甚至还有行为艺术，混杂的题材和形式是他对摄影极限的实验。作为一名典型的90后摄影师，黎光波势必会带着我们在这片土地上没有拘束地自然生长。

——何青

H: 何青
L：黎光波

H: 你是什么时候接触摄影的？
L: 大概在大一的时候，当时微博比较火，觉得好玩，就去拍了很多所谓的“微博配图”，后面就接触到一些杂志和品牌。最开始是拍了两年的纪实专题，后来大学毕业就自己创立了一个工作室。

H: 你的工作室主要做什么？
L: 当初什么都做，为了赚钱，为了养活自己，只要是和摄影相关的事情都做过。

H: 现在为什么会走向观念摄影这条道路？
L: 后来慢慢地做到商业摄影，就觉得摄影没那么有意思了，就开始想要去做一些改变。观念摄影其实大学的时候就在拍，只是2014年成立工作室后，因为工作的事情比较多，每天拍的片子倾向商业片，所以就放弃了一些比较自我的东西。那段时间一直在思考怎样去拍一些更能愉悦大众的片子。后面做着做着觉得商业摄影太无聊了，每一次拍摄都是为了那个价格，而不是为了摄影的价值。就开始讨厌拿起相机，对自我的认识也开始迷失或者变得模糊。自己那段时间挺难过的，觉得现在自己的摄影为什么不是理想中的状态，自己成立工作室是为了让自己变得自由，为什么反而被束缚住了。每个摄影师拿起相机的初衷不同，未来也应该会不同。在那段时间里，我看见的都是可以看见的未来。所以花了半年的时间反思、调整，开始慢慢放弃一些商业的东西。每个人对摄影的理解和期盼都不同，我不再满足于虚无的名利，开始好好满足自己。

H: 那时的第一个作品就是《情绪记录馆》吗？
L: 不是，前面有两个更自我的作品《癖》和《瓶中人》，还有一个《少年》。《情绪记录馆》是第一个被大家知道的作品。

H: 你可以简单介绍一下这个作品吗？
L:《情绪记录馆》是2014年底开始做的，当时拍商业觉得越拍越无聊，我就想不如用摄影这个最真实、直接的方式去记录每一个人的面貌，用图片和影像来记录他们一年中发生的开心的事情、难过的事情，以及对下一年的期待。在每一年的12月，我会放弃所有的工作，全身心地来拍摄这些有幸遇见的人。他们逐个来到我的摄影棚，只有我和被摄者两个人的封闭空间。我通过很简单的三个问题“你今年最开心的事情是什么？”“你今年最难过的事情是什么？”“对明年有什么期待？”来进行很随意的聊天。在聊天的过程中我会留意对方情绪的变化，以此主观地找到其情绪的深刻点。最后，我会在聊天过程中，抓拍一张脑海里浮现出的画面。虽然感觉这个行为挺主观的，就这么断定参与者的情绪就是这个点。但是事实证明这些判断都是正确的。

H: 在拍这组作品的时候有没有遇见什么有趣的人或者有意思的事情？
L: 每一个人都很有趣，也令我印象深刻。因为每一次在拍摄之前我都会边聊天边录一段和他们聊天的影像，聊天内容越平常，就变得越有意思。我常常在聊天的过程中努力让自己感同身受。空间有时候会变得特别安静，安静得可以听见对方坐在灯光下低声抽泣的声音。因为在一个只有我们两人的封闭空间里，被摄者独自一人坐在镜头前，有时候感受不到我的存在，也感受不到摄影机的存在。我努力让自己成为一面对方直视自己内心的镜子，很多时候，我都感受到他们不是在对着我和摄影机说话，而是在对着自己说。在这个过程中，我努力让自己进入到他们所说的故事中去体会，去想：如果是我，我会是开心或者难过。这无数次将自己清空，然后进入到他们的喜怒哀乐中的过程，我个人觉得很有意思。在这个过程中我学到了很多东西，预知能力、引导能力也大大提高。最有意思的事情是每一次《情绪记录馆》的拍摄，我在工作室从中午待到晚上，其实更多的时间是在等，毫无目标地等。我永远不想知道今天谁会来到摄影棚，也永远不知道他（她）会多久来，也可能在刚准备午睡的时候就马上进入摄影棚拍摄。其实这种未知性是最吸引我的一个点。

H: 这三年中这些被摄者不断地找你来拍，从这个过程中你也可以看到他们的变化，包括你自己的变化。那你经过《情绪记录馆》这三年的创作之后有什么想法吗？
L: 做了三年，其实每一年他们的变化都很明显，每一年大家的想法和情绪点都会不同。当然，他们的变化和我自己的变化都很明显。从2014做《情绪记录馆》（见图片部分注1）开始，我觉得图像和视觉语言越来越不真实，虽然被相机记录的那一刻就不可能完全的真实，我要做的是尽力让图像靠近真实。在2014年的时候，我自己的很多想法被大家左右，会被其他人影响。当时也想在视觉上做得夸张一些，就是让大家一看就会觉得这张照片很好看，所以在拍摄的过程中人的状态稍微加了一些自我的引导。第二年的时候（见图片部分注2），我就在想《情绪记录馆》的初衷和意义是什么，觉得第一年的拍摄方式不太真诚，这个真诚取决于我、照片本身、被摄者，以及这件事而言不真诚。所以2015年在拍摄时我都是回归到一种完全真实的记录方式，然后被很多人善意地骂了一下（笑），问为什么今年都不P图了。我都觉得无所谓，因为至少在这件作品里，我把自己对这个作品的态度和我想让大家看到的东西呈现了出来。另外，也做了《情绪记录馆》第一个分主题《承载》（见图片部分注3），我让被摄者把对他们来说最有意义的东西带过来，讲一下自己和这个东西之间的关系。这个就很有趣，每个人带来的东西都不一样，可能是前男友留下来的，可能是爷爷奶奶留下来的，也可能是在成长过程中对自己影响很大的一个物件。

H: 能够看到第一年的作品是比较浮夸一点，第二年的就很朴实了，有一点德国新客观主义的感觉。那到了第三年呢？

L: 第三年我其实是在完善。第一年有了这个作品，第二年在改变它，第三年我想去完善它。第三年拍摄的方式更干净利落一些（见图片部分注4）。经历了前两年拍摄的3000多人，自己在对未来预期的把握、调动被摄者情绪方面的能力等方面都有了一定程度的提高。所以第三年的拍摄就更随意了，更多的精力用来做《情绪记录馆》的分主题。在第三年年底拍摄的时候，我要求每位被摄者将2014—2016年这三年的变化感受写在纸条上，然后我将他们的手信扫描出来，放在图片上，就有了《2014—2016这三年》（见图片部分注5）这样一个分主题。其他还有比如重庆东原1891时光道商场邀请我做《万物新生》（见图片部分注6）这个分主题。

H: 我看你的展览现场有很多老物件，对吗？

L: 对的。《万物新生》其实是将2015年分主题《承载》更加细化的一个分主题，让大家把对自己有意义的东西捐献出来做成一个公益的雕塑，然后再附上一张捐献者亲手写的书信。其实这样的行为就等于告别，和过去告别，和某段一直放不下的记忆告别。书信上要求写的内容是这个物件和捐献者之间的情绪，或者之间的故事。最后我用拍摄、扫描以及后期合成三种成像方式将这个物件和这个故事放到一个画面里去进行一个简单明了的呈现。在这个分主题里我完成了见字如见人、见物思人的诠释。同一个月，重庆万象城又邀请我做了《万象新颜》（见图片部分注7）这个分主题。当时还邀请了很多重庆当地的媒体和一些比较有影响力的个人，大家一起对即将到来的2017年做一个期待。前期在摄影棚里拍摄了80个人左右。但是真正完成作品的时候是2017年1月2日晚上8点，2016年12月31日和2017年1月1日、2日我们在万象城的中央广场设立了一个自拍的装置，路过的人都可以进入这个装置，我给他们拍一张照片或者他们自拍一张照片，然后马上打印出一张60cm×90cm的照片由那几天值班的工作人员帮忙贴在万象城所有能贴的地方。很有意思的是，这个行为让摄影又回到了照相馆的概念里，也就是最基本的状态。因为那段时间拍摄的基本上都是一家人的合影，有一种小时候过年一定要去照相馆全家拍一张合影的感觉，人们都笑呵呵的，期待着新的一年。这个分主题一共拍摄了4000多人。印象最深刻的是有一个朋友，她一直在关注《情绪记录馆》，但是一直没勇气来拍。在这期间，她专程带了她家里的5代人，一起来完成这3年她一直不敢做的事情。

H: 那《情绪记录馆》其他的分主题呢？

L: 现在《情绪记录馆》除了这几个分主题之外，还在2016年5月的时候开始了其他分主题的创作与探索。《1%》（见图片部分注8）我思考的是自己未来的100天里每天发生的事情，是自己思想转变的一个自我记录。我把每天看见的、想到的事情用很简单的文字和图片进行记录。起因是开始做的那天我决定重新思考自己摄影的意义在哪里，自己的未来在哪里。那段时间其实是想得最多，也最痛苦的时候。我想把每一天都记录下来，以便在未来作为人自身行为的一个论证存在。论证我为什么会是这样的想法，或者我为什么会这么去做，让它们有迹可寻。100天的时间里，每一天都在发生对自己而言1%的变化，从1%开始，到1%结束。我尊重每一天发生在我自己内心里最真实的感受，因为它们是影响我以后的言行举止、态度、立场最细小但是最常被忽视的东西，它们组成了以后的我，决定了我以后会是什么样的人。朋友圈，本该去记录每一天真实的状态，但是却慢慢变成了你想让别人看到的某些特定的状态和特定的思想。身为这个社会的人，每一个人都该去在乎别人的看法、别人的感受。但是为他人活多了以后，我想为自己而活，或者说简单一点，我想做一些让我自己真正觉得开心、觉得很满足、觉得不算虚度的事情。我想用一种方式将每一天自己最在意的事情保存下来，不想但有时又很想给他人看见，我到底是一个怎样的人，到底在思考些什么。

将自我完全地进行暴露，可能对自我有一些残暴，会对自我造成伤害，但是我想即使每一天的事情过于微小，但是当它们组成了一个时间段，就会对我产生影响。我想让以后的自己看看，哦，原来我这么做是因为这件事。

H: 所以后面就有了《离2017年的136%》（见图片部分注9）？

L: 是的，在《1%》结束的那天晚上，在诧异时间过得如此之快的时候，我邀约了全国各地的朋友，一起来倒数2016年最后的136天，因此就有了《离2017年的136%》。从离2017年1月1日还有136天的那一天开始，我每天让他们发一张没有PS过的自拍照、一张生活影像，以及符合当天心情的一小段文字给我。那段时间很大的工作量是打开微信，将这些内容整理保存到电脑里。我是想通过这样的行为，通过每一天看似很简单的记录，让参与的人，或者在朋友圈里看到的人，可以更加用心地对待每一天；同时，也想让更多的人通过这些平凡普通的记录看到生活中的点滴，让自己慢下来。

H: 其他的分主题呢？

L: 在2016年底真正开始拍摄的时候，我拍摄了记录我觉得很好看的眼睛的《无题》（见图片部分注10）这个分主题。我一直觉得眼睛是心灵的窗户，我想通过模糊一个人的身份，忽略神态和表情，只通过一双眼睛去让大家看见情绪，思考被拍摄者当时的所思所想。然后有了《他们》（见图片部分注11）。我有幸被邀请到一所留守儿童学校，通过《情绪记录馆》去记录下他们一年里的喜怒哀乐。他们很多的情绪都是围绕家人展开的，在外务工的爸妈、在家卧床的奶奶，给我的印象很深刻。我一直以为留守儿童缺乏的可能是物质或者其他方面，但是真正接触后，我深刻地感受到他们缺失的是精神层面的东西。然后我将他们的照片打印出来，留了一半的空白，让他们把自己的梦想画出来（见图片部分注12），才完成这个分主题的创作。我想通过这样简单的方式，让真实的他们被大众看到。今年母亲节，我和西部奥特莱斯合作，邀请了很多母亲来到摄影棚，重现了第一次收到孩子送的礼物时的情景。在这样的过程中，我重新定义了“母亲”这个词。《情绪记录馆》最大的意义就在于，可以通过这些影像、文字或者我做的一些行为，让有幸看到、有幸参与进来的人用心地面对自己的生活。摄影起源于生活，生活本不应太快。其实这些分主题都是为了完成对“情绪”这个特别大的词的自我理解，通过分主题的片面表达，形成关于情绪认知的一个整体。

H: 我感觉是观念摄影介入商业，甚至走入商场，进行了一次很难得的尝试。你当时是怎么想到做这个计划的？

L: 因为现在摄影艺术已经成为大众娱乐，摄影家的身份慢慢变得模糊，同时变得模糊的还有摄影艺术家和婚纱摄影师的身份。有的人拼命想把自己所有的东西往一个所谓的高度提。有一天我就在想，这个作品本来就是基于大众、基于生活衍生出来的感悟，为什么不让它回到大众身边去，让大众看见后可以进行思考，或者好好地回想一下自己的生活，为什么一定要拼命远离大众，远离的距离就是所谓的艺术的高度吗？当然不是，那还不如就让它进入大众视野，让大众看见、思考，它的价值才真正体现出来。我也一直在探索摄影艺术和大众的接触点在哪里，如何让小众的艺术进入到大众视野，如何引导大众对摄影进行完整的认知。我也在实验，如何让真正的创作者找到本属于创作者的生存空间。

H: 之后你有什么计划吗？以后还会拍吗？

L: 其实除了《情绪记录馆》，我也一直在做其他一些作品，比如《云上》、《关于大海》、《一念之间》，以及最近一直在进行的《每天死亡一个人》。其实每一组的表达方式都不同，自己一直处于对摄影实验探索的状态。我觉得挺好，不同的方式表达自己不同的点，也可以让摄影更好玩一点。

情绪记录馆·2014—2016

2014—2016年，每年12月我把摄影棚免费对大众开放。我用三个简单的问题作为切入点来打开参与者的内心世界，用影像真实记录参与者的情绪，以及每年发生在参与者身上的喜怒哀乐。

我通过摄影这个媒介，让人的情绪真实流露，并加以保存。在这个过程中，参与者和内心握手言和，观看者通过这些影像主动反思自己生活中的喜怒哀乐。

2016年起，我在原本的基础上增加了很多分主题的试验性创作。在这个过程中，我逐渐完成对“情绪”这个特别大的词的自我理解，通过分主题的片面表达，形成关于情绪认知的一个整体。

试图通过这样最简单的摄影方式，将每一年大家的生存状态，或者同一个人在三年时间里心态的变化真实地记录下来，以这些很小的点去折射社会。

通过这个拍摄项目，我也在探索摄影艺术和大众以及商业之间的距离和关系。

截至目前《情绪记录馆》参与者已超过8000人，相关商业互动摄影展览10余场。

2014《情绪记录馆》（部分作品拼图）·图片·影像（注1）

2015《情绪记录馆》(部分作品拼图)·图片·影像(注2)

2015分主题《承载》(部分作品拼图)·图片·影像 (注3)

2016《情绪记录馆》(部分作品拼图)·图片·影像(注4)

2016分主题《2014—2016这三年》(部分作品拼图)图片·影像·手信(注5)

2014—2016《情绪记录馆》三年连续参与拍摄的人（部分）·图片·影像

2014《情绪记录馆》

2015《情绪记录馆》

2016《情绪记录馆》

L：今年有没有什么最开心的事？
答：有，跟孩子一起的时候，和家人一起的时候。
L：有没有什么遗憾或者难过的事情？
答：6天前我母亲脑出血，看到你们的活动，就想过来许个心愿，希望母亲快点醒来，这就是今年最痛苦、最遗憾的事情。
L：突发性的？
答：突发性脑出血。
L：有几处？
答：两处 。
L：那和我幺婆差不多，也是前段时间脑出血，在医院待了半个月，现在醒过来了。
答：谢谢，就是想要听到这种正能量的消息。
L：对，虽然醒过来神经相对以前没那么灵活，但是都在慢慢康复中。
答：谢谢，听你这么说舒服多了。今天到医院去，感觉不好，就是感觉反应没那么好 。
L：对，但这是个缓慢的过程。现在是做手术了吗？
答：是的。
L：现在神经有反应吗？
答：前段时间有，现在不太有。
L：这是一个过程，会慢慢好起来的。
答：谢谢，愿上天保佑！
L：对明年有没有什么特别的期待？
答：希望母亲康复，每天都能见到她。

L：今年最开心的事情是什么？
答：就是去年在你这里许下的愿望实现了，妈妈活过来了。
L：必须的。
答：所以今年又来了。
L：今年有什么遗憾的？
答：其实今年不算好，因为妈妈的病情反复，需要一个很长的时间和过程恢复，一切都是未知的。遗憾算不上，就是一些未知的因素，无法把控自己的生活。
L：今年有难过的事吗？
答：妈妈上一次做手术，手术是成功的，但是后来愈合失败了。医生告诉我，我一个人顶着压力不告诉别人，这是我很难过的事情 。
L：对明年有什么期待？
答：今年到这里来就是想继续去年的约定和心愿，这里是我的一个福祉，希望妈妈康复，为妈妈祈福。
L：对你最有意义的是什么，一个手势？
答：对，一个手势。有些人看我朋友圈，可能觉得我过得风生水起，精彩万分。我是有两面的，我想用手势，遮挡悲伤的手势，告诉自己，希望明年把这个手势去掉。

L：今年有没有什么开心的事情？
答：妈妈走了，我的情绪沉寂了一年，但是觉得最近自己好多了。什么东西都需要一个绽放，我懂得了生命灵性的那一部分，人生短短几十年总有相遇的那一天，我相信妈妈会以另外一种形式存在，但是活着的人要继续好好活下去。
L：今年有没有什么遗憾的事？
答：没有。
L：难过的事情有没有？
答：难过的时候就是想念妈妈的时候。
L：对明年有什么期待？
答：我的团队会向着我想的方向更好地去发展，让自己成为真正有力量、有正能量、像太阳一样去发光、大气、善良、沉稳、真诚的一个人。

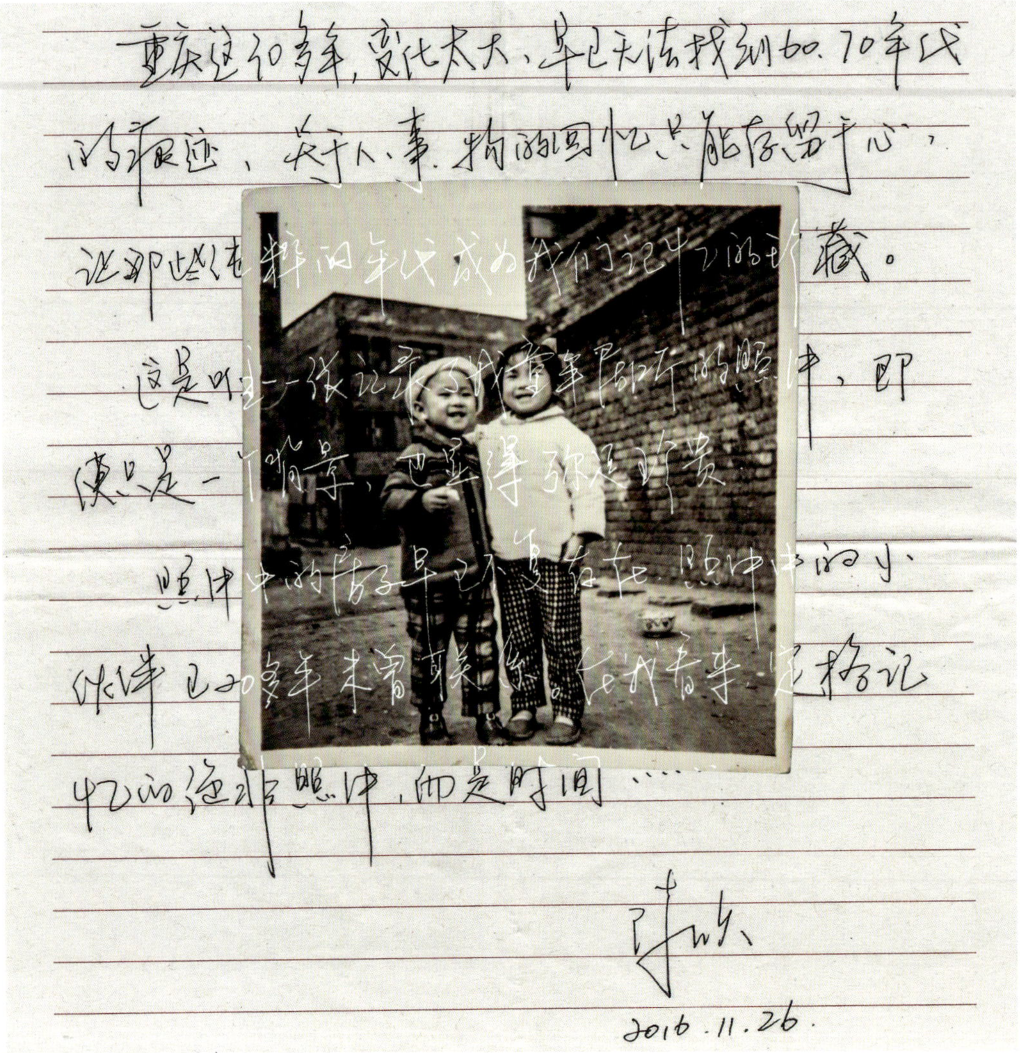

重庆这20多年，变化太大，早已无法找到60、70年代的痕迹，关于人、事、物的回忆只能存留于心，让那些纯粹的年代成为我们记忆中的珍藏。

这是唯一一张记录了我童年陪伴的照片，即使只是一个背景，也显得弥足珍贵。

照片中的房子早已不复存在，照片中的小伙伴已20多年未曾联系，在我看来，定格记忆的绝非照片，而是时间……

2016.11.26.

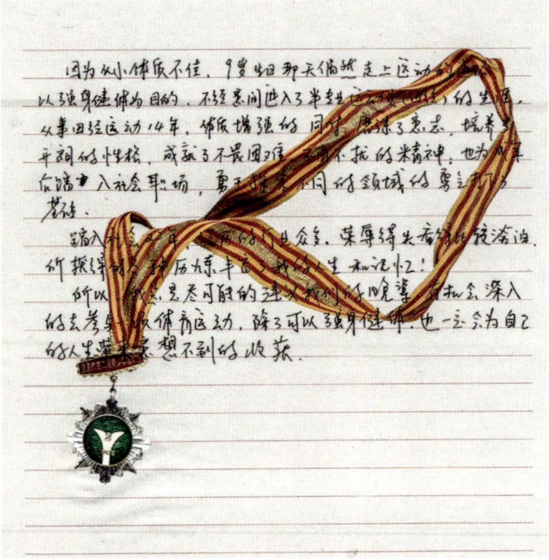

因为从小体质不佳，9岁生日那天偶然走上运动[illegible]，以强身健体为目的，不经意间进入了半专业运动员[illegible]的生涯。从事田径运动14年，体质增强的同时，磨练了意志，培养了开朗的性格，成就了不畏困难、[illegible]不挠的精神，也为我未来踏入社会职场，勇于探索不同的领域的勇气打下了基础。

踏入社会[illegible]年，[illegible]各行各业众多，荣辱得失看得比较淡泊，所探寻的[illegible]种历练丰富了我的人生和记忆！

所以，我总是尽可能的建议我们的晚辈，有机会深入的去参与[illegible]体育运动，除了可以强身健体，也一定会为自己的人生带来意想不到的收获。

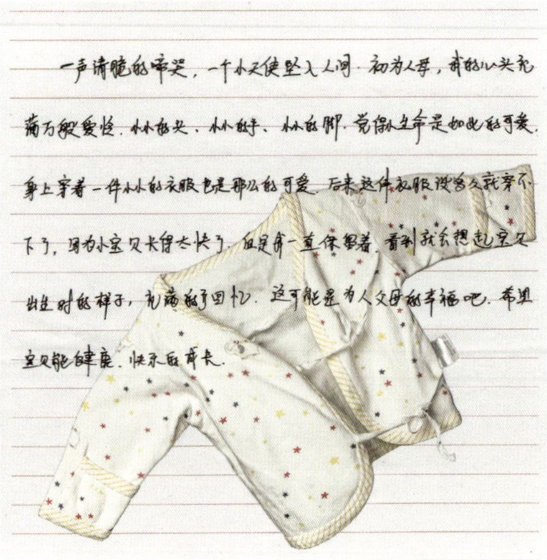

一声清脆的啼哭，一个小天使坠入人间。初为人母，我的心头充满万般爱怜。小小的头、小小的手、小小的脚，觉得小生命是如此的可爱。身上穿着一件小小的衣服也是那么的可爱。后来这件衣服没多久就穿不下了，因为小宝贝长得太快了。但是我一直保留着，看到就会想起宝宝出生时的样子，充满了回忆。这可能是为人父母的幸福吧。希望宝贝能健康、快乐的成长。

2016分主题《万物新生》(部分作品)·图片·书信（注6）

2016分主题《万象新颜》(部分作品拼图)·图片·影像(注7)

2016年5月

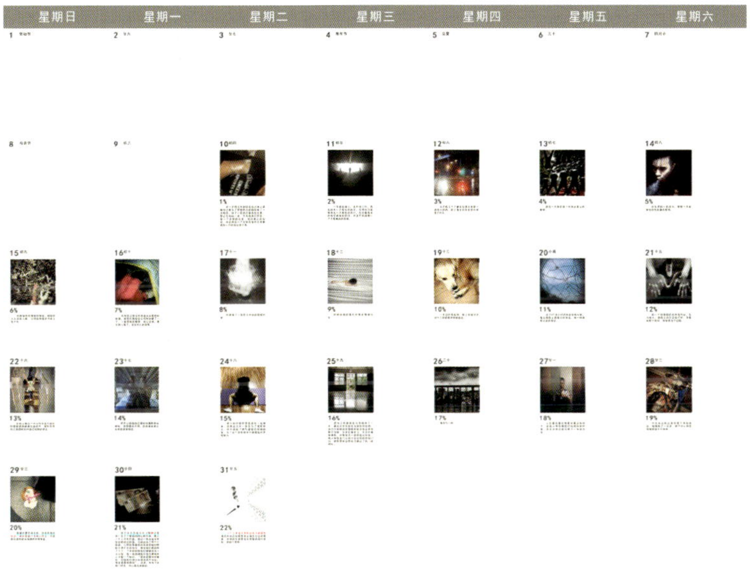

2016年8月

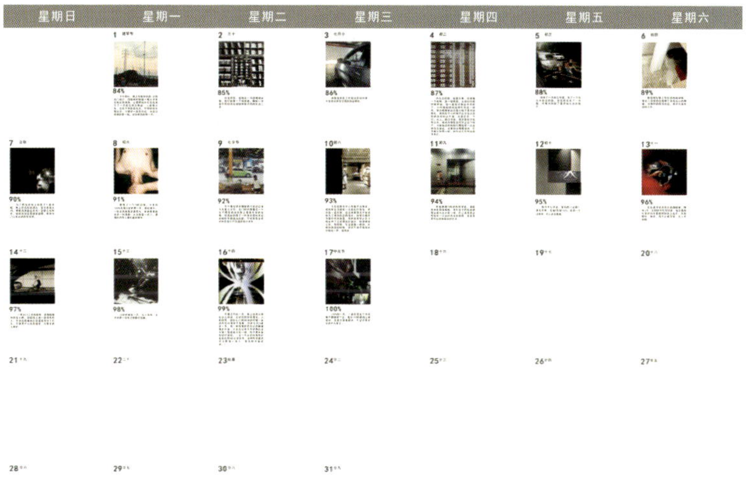

2016《1%》（部分作品）·图片·装置（注8）

2016分主题《他们》（部分作品拼图）·图片·影像（注11）

2016分主题《他们》（部分作品）再创作·图片·绘画（注12）

再创作过程视频截图·影像

情绪记录馆·2014—2016

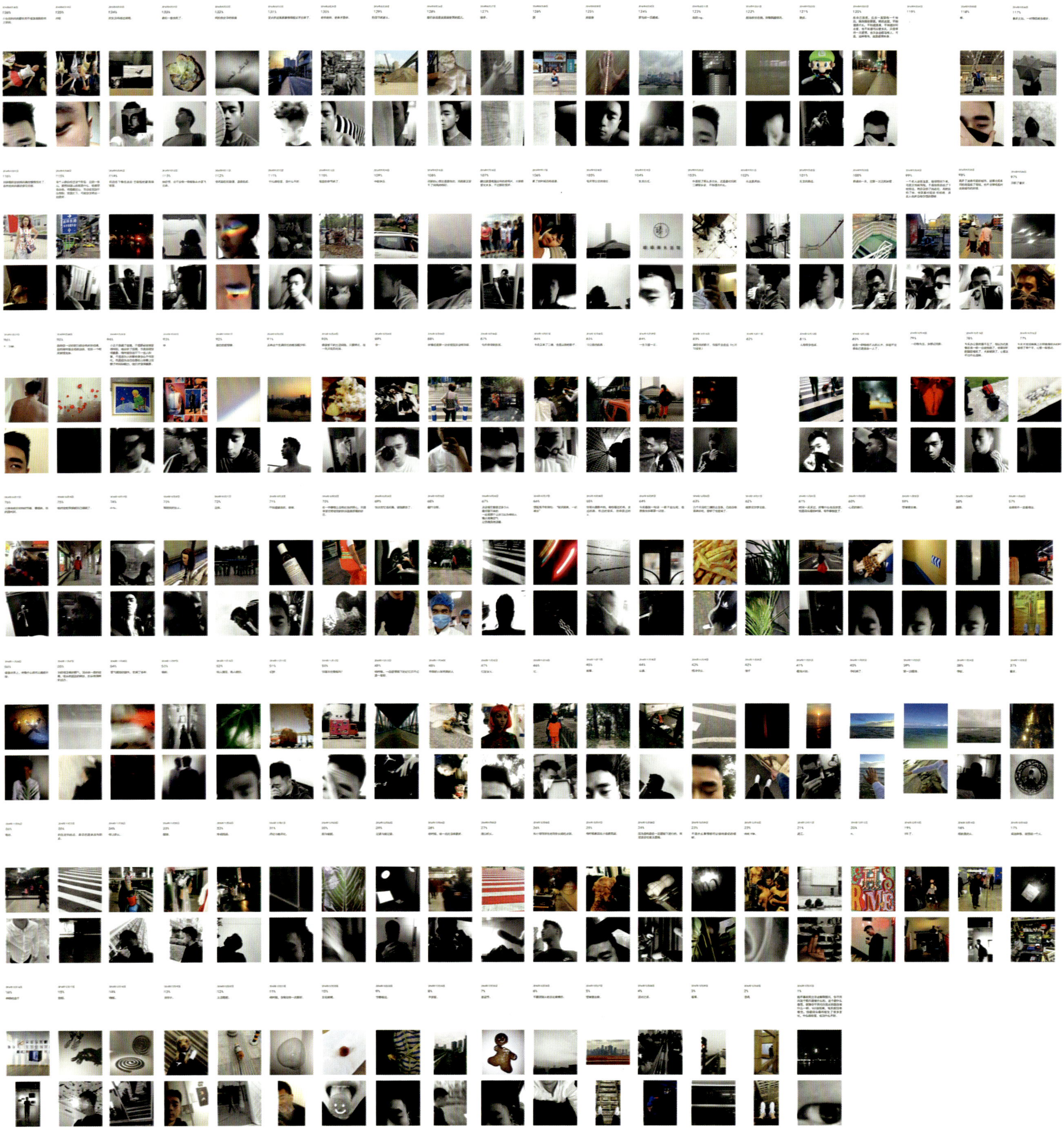

2016《离2017的136%》(部分作品)·图片·装置(注9)

2016《无题》·图片·影像·装置(注10)

M A

Q I Y I

马七一

1992年生于重庆

她为什么叫马七一？这个问题我第三次见她的时候才想起来问她。第一次，我们聊了摄影和自然；第二次，我们聊了精神病和大学老师；第三次，我才突然想到，哇，这个名字有点意思。而她是采访时候和我闲聊最多的姑娘，本来是我问她，后来变成了她问我。对于艺术，对于生活，她充满了好奇和纯真，无拘无束。艺术家么，每个人都有自己的样子。为什么叫马七一？这个不重要了。

——何青

H：何青
M：马七一

H：你的资料里显示你2010年考入四川美院，为什么2015年毕业于米兰美院呢？
M：我在川美读了半年就转学去米兰了。入川美之前就是想要出国的。

H：你的本科和研究生是什么专业？
M：中文翻译是绘画专业，俗称油画吧，但是纯艺术更准确一点。

H：主要学些什么？有什么有趣的课程吗？
M：我们有选修和必修课，必修课就是绘画、雕塑、版画、人体、历史、经济等，选修课包括行为艺术、心理学方面的，非常多。

H：老师会指定研究方向吗？
M：国外研究生不像国内那样要具体指定研究什么，其实还是比较自由吧。想做什么做什么，老师会按照你的风格和你之前的作品给你指点方向，起指导作用。

H：你有什么特别感兴趣的方向吗？比如绘画、摄影、录像？
M：以前对精神病很感兴趣，现在对大自然比较感兴趣。

H：之前做过精神病题材的作品吗？
M：本科毕业论文写的是精神病与艺术，作品还没做，想找机会去精神病院看看。

H：《背》创作于什么时候？
M：好像是今年上半年，来自于课程作业和突如其来的灵感，艺术解剖课要求我们做一个关于人体的作业，绘画、雕塑、视频、照片都可以，于是就有了这个《背》。

H：为什么要这样做呢？
M：因为事物的背面往往是被人忽视的，但它是使一个东西成为整体的另外一半。正面总是被精心打扮，为了展现出最好的一面可能不太接近真实。《易经》说背部是人身稳定站立的所在，所有的动作以此为依据。所以背为一身之主，而且背部也是身体最不容易动的部位，背部静止时即使身体想动也不容易使它牵动，由此象征内心宁静、思想无歪念、不被外间欲念所动，所以我想以一些不经意的背面为主体之一。

H：你的作品中所挑选的背各种各样，有女人的、人力车、动物、父子、信徒、雕塑、画框等等，它们之间有什么联系吗？
M：都是来源于我的生活吧，所有的照片都是从我手机5000多张照片里选出来重组的。除了有张书法、报纸和一个素描人体背景的照片是以前用手机截屏网上的，其他都是自己拍的。

H：感觉看起来像海报，可以解释下为什么要这样拼贴吗？
M：我也不知道，纯凭感觉吧。

H：老师或同学怎么评价这个作品？
M：老师说很有趣，然后给了满分。

H：你更喜欢画画还是摄影？
M：我更喜欢发呆。哈哈，其实都不怎么喜欢。就是这两个东西给我贴上标签了，我就更不喜欢了。

H：贴上标签？
M：以前没学画画的时候是真的感兴趣，对画画有很大的热情，然后从事画画这么多年了，我在大家眼中就变成一个画画的了，我不喜欢有这种东西束缚我，拍照也一样。

H：那你有什么特别想要表达的东西吗？
M：我准备做一个关于敬畏自然的作品。

H：怎么想到做这个？
M：这个有太多可以说的了，比如我们都是自然的产物，大到人类的智慧、善恶，小到你今天的一个小想法、小行为。比如我做我这些作品的想法，一个开心或不开心的瞬间都是自然给予的，是非常神圣和伟大的。凭我们人类的力量根本不可能破坏自然，我们正在破坏的是我们生存的环境，受害者是我们自己不是自然。古时候的人是非常敬畏自然的，但现代人却目空一切，人类智慧的发展也就是欲望的发展。其实自然是至高无上的。

H："小到你今天的一个小想法、小行为"，感觉这个自然不仅指山河湖海了，还有更形而上的含义，比如宗教、神、信仰？
M：是的。

H：你有宗教信仰吗？
M：没有，但是我相信所有"它们"的存在。

H："它们"的存在其实是我们对自己行为尺度的一个衡量。
M：是的，我觉得那是我们眼中的"它们"。

H：你打算怎么做？目前进行到哪一步了？
M：才开始有想法，昨天才拍了一张照片，算是个小草稿。

H：以摄影的方式吗？会融合其他媒介吗，比如装置、绘画？
M：都会，想到什么就做吧。

H：感觉你是比较率性的，随心所欲，跟着感觉走。
M：是的，自然给我什么我就怎么做。

H：这跟意大利的教育方式有关系吗？
M：意大利的教育让我学会寻找自己的特殊性。

H：特殊性？那你现在对自己的认识是怎样的呢？
M：性格磨没了就找不回来了，我现在就是被淹没在人群中，找不到我了。

H：这种淹没是你想要的吗？
M：说不清楚，这就是命。

H：你有特别喜欢的艺术家吗？
M：西班牙画家、雕塑家毕加索。他用大半生的时间像小孩一样画画，这种从复杂走向纯净的过程也是我想追求的。荷兰后印象派画家——梵·高我也很喜欢，因为他本身就一直很纯净。

H：梵·高也是精神病人，他的《渴望生活》很好。
M：是的，精神病人内心的纯净我真的很崇拜。他的作品都非常感人。

H：还有本书《天才在左，疯子在右》，你认为他们的纯净在于什么？
M：这本书我不知道是编的还是真实的，但我希望是真实的。他们的纯净在于执着和不被社会污染。

H：中国也有两个拍精神病人的摄影师很有名，一个是吕楠，一个是袁东平（备注1）。
M：拍得好！就是他们那种眼神我特别喜欢，小朋友的眼神也是这样，很纯净。

H：不过你不会害怕他们吗？
M：我想象了一下要怎么去接近他们，可能就是跟接近一个陌生的动物一样吧，有很多未知，彼此都很害怕对方。

H：对，而且他们很敏感。
M：完全可以想象，就像小朋友。

H：期待你的作品。
M：谢谢！

备注1：袁东平，1956年出生于广州，1976年毕业于北京大学附属中学，1976—1980年在海军东海舰队服兵役，1980—1984年就读于北京师范大学历史系并获历史学学士学位，1984—1986年在毛主席纪念堂管理局工作，1986年至今在民族画报社担任图片编辑。

背·2017

事物的背面往往是被人忽视的，但它是使一个东西成为整体的另外一半；正面总是被精心打扮，为了展现出最好的一面可能不太接近真实。《易经》说背部是人身稳定站立的所在，所有的动作以此为依据。所以背为一身之主，而且背部也是身体最不容易动的部位，背部静止时即使身体想动也不容易使它牵动，由此象征内心宁静、思想无歪念、不被外间欲念所动，所以我想以一些不经意的背面为主体之一。

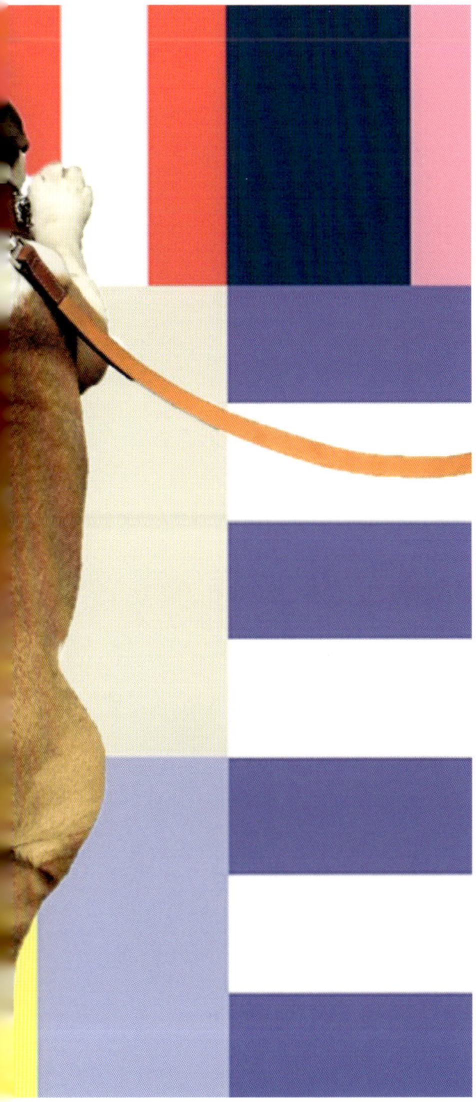

CURVA

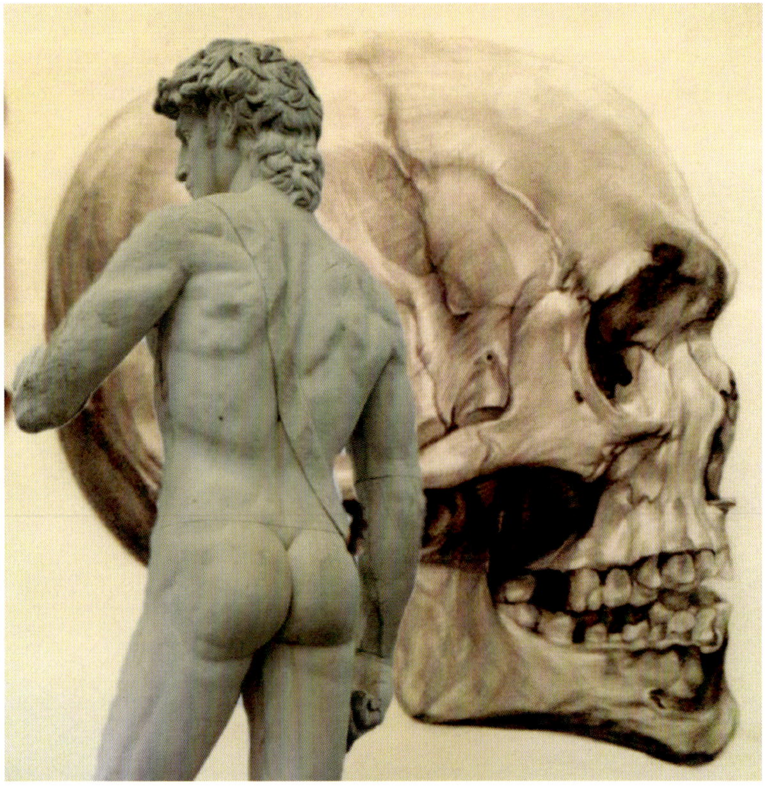

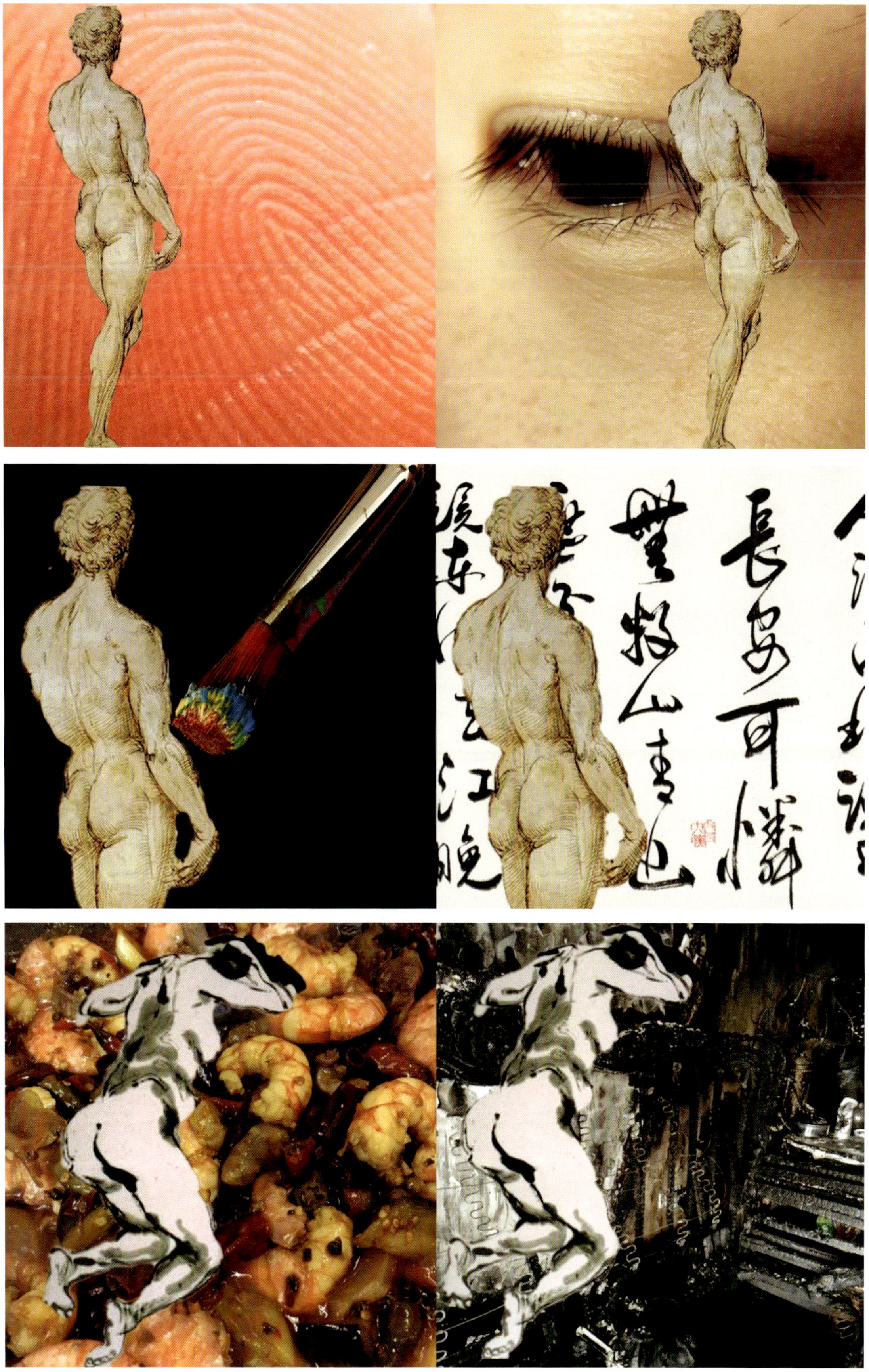

M E N G
F A N Y U

孟繁羽

1985年生于黑龙江哈尔滨
2010年作品《零度潜影》参展“不定相”新锐青年视觉艺术展
2011年作品《白色物质》参展第20届奥地利特伦伯超级摄影巡回展
2012年作品《INSECTS AWAKEN》参展新摄影视觉国际摄影展
2015年作品《铁甲都市》获得第5届中国国际数码摄影艺术展览金奖
2015年作品《惊蛰》参展第15届中国平遥国际摄影大展
2015年作品《铁甲都市》参展丽水摄影节
2015年作品《你要的蓝在博物馆》参展“窒息！不止于霾”艺术展览
2016年作品《惊蛰》参展中国第16届国际摄影艺术展览
2016年作品《出山》参展第9届国际青年艺术周生态·艺术·人——中国当代生态艺术展
2016年作品《网红标准视力表》参展大连青年艺术实验展
2016年作品《出山》在三远当代艺术中心展出

孟繁羽的作品像是孩子对这个世界的奇妙想象，从小时候的生活经验和兴趣到作品的呈现，都展示了摄影的更多可能性。“惊蛰”是一则未来科技寓言，向我们展示了作者用摄影的方式观照内心的野心。蛰伏的“昆虫”是后工业时代人类精神的镜像，也是开启未来无限可能的钥匙。在虚拟现实、人工智能大热的今天，孟繁羽的《惊蛰》为我们提供了一个新的样本。

——春熙

C：春熙
M：孟繁羽

C：《惊蛰》看起来像是贝歇夫妇拍的水塔，呈现的是冷静、客观的工业图像。这样的呈现方式有什么深意？请介绍一下你的作品《惊蛰》。

M：我出生于哈尔滨，对东北老工业基地有着特殊的情感，从小就对工业化的设备、厂房有着超现实般的幻想，比如，当我看到塔吊时会觉得那是一只蜻蜓在戏水。为适应时代发展，近些年大量的旧工业厂区要拆除，我怀着不舍的心情为这些建筑拍下照片，为了难以忘却的纪念。当后期归类这些老工业建筑照片时，我忽然感觉这些建筑部件就像昆虫的肢体，于是我按照"十"字结构把这些部件根据预想组接在一起，于是一个个昆虫闪现在我的脑海，一个催化了另一个，形成了一个系统的昆虫图景。

惊蛰是二十四节气之一，"蛰"是藏的意思，"惊蛰"指春天来了，春雷炸动，惊醒了蛰伏在土壤中冬眠的动物。惊蛰的英文翻译是"insects awaken"，即昆虫醒了的意思，我觉得这个英文恰好是《惊蛰》这组作品的一种具体解释。"惊蛰"的谐音是"镜折"，镜子的折射也是这套作品的"转基因"方法。我想说这个世界的秩序已经被打乱了，未来新世界的形象已在潜藏，即将出示。

C：后工业时代的建筑用昆虫的形态、充满未来感的金属色，让人想到科幻片里的机械族。这是未来生物的形态吗？

M：昆虫是地球上数量最多、分布最广的生物群体，它们的踪迹几乎遍布世界的每一个角落。这些微小的生命体如蝴蝶效应般改变着现存的世界，征兆着未来。

这些带着铁锈出生的昆虫，是人工的产物，从人类的废墟中产生，在不知不觉中把当代人的生存要素从扭曲、喧嚣的复杂现实中解放出来，并将之幻化成为生物与情感的构造，这些未来生物不但定义了自己，也定义了一个时代。

C：钢铁昆虫组成生物图谱像是科技未来的寓言？

M：这些层层叠叠的建筑片段组织在一起，用其特殊的方式记录情感，重新阐释当代人的内心体验。一种可能性与另一种可能性或相互加强，或相互排斥，最终又产生了新的更多的可能性，两个遥远的现实在陌生的平面相会了。在这样一个生命态的复合世界里，图形和图像相互关联、相互撞击，将现实世界的图像片段化合成一个个昆虫结构，它既是又不是，既精确又模糊。我是想用这些独立、静止的片段进行一次临时的聚会，使它保持一种整一、中性、自足、饱和又客观的状态，当然它们也可能随时分化成为一种新的可能。

C：在你的作品中摄影是确定的吗？你认为摄影有没有表述未来的可能性？

M：我认为摄影既是确定的，又是不确定的，前提是要看在什么语境下，如果没有语境的限定，表述时很容易产生误会。《惊蛰》这组作品是一次图像的临时聚会，它们可以随时分化成为一种新的可能。摄影犹如时间长河中的一个切片，它说的是事实，却不是事实的全部。摄影作为工具，是一种时代精神的写照。但我认为能够表述未来可能性的，是人的观念和意识，人借助工具来说话。另外我想说，是未来决定了现在。

C：在《惊蛰》这组作品中能够看到童年的奇思妙想和成熟的创作方式。结合你的作品谈谈个人经验对创作的影响。

M：我从小是个偏科的学生，对物理、生物、化学特别感兴趣，对世界充满无限的好奇心。拆模型和拼玩具充当了机械原理的启蒙实验，学了摄影后基本是用摄影作为语言来表达，因为它有着瞬间化和文本化的功能。我们今天身处一个多元的、碎片式的后现代社会，大一统的审美标准消失了。独特的地域性和生活习惯影响着每个人的个体经验，进而孕育了想象力和创造力。

C：《惊蛰》这组作品的创作有没有可能作为一个科幻的IP来开发？有更多的延伸？

M：《惊蛰》这组作品现在呈现的是一种静止的昆虫样态，这些形象背后都隐藏着事件，它们是新物种的特种部队，是城市的机甲战士，有机会我会把它们编成科幻故事，但它们之间的关系是东方式混态的，能动的，而不是西方科幻故事中二元对立的。

C：你认为艺术和科技的边界在哪里？

M：艺术与科技从不同的角度、以不同的方式去解释世界，不同的是科技用实证与实验辨别真伪，艺术则不断提供想象力和创造力，它们都在不断地探索未知，也都是基于生存的需要迸发出力量。

C：聊聊你的摄影，摄影对你来说意味着什么？

M：摄影对我来说是一种观察方式、一种关于看的思考、一种把观念物化的视觉形式。古希腊哲学家普罗泰戈拉曾说，人是万物的尺度，是存在者存在的尺度，也是不存在者不存在的尺度。对我来说这个尺度就是摄影，它测量着时间，思量着社会，考量着记忆，衡量着价值，由此引发观念。

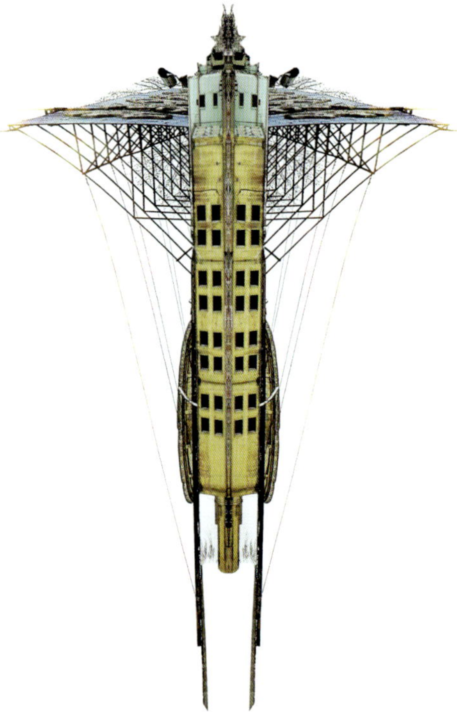

双尾目

缨翅目

同翅目

鞘翅目

《惊蛰》采用生命态复合形的概念，将现实世界的大量图像片段化合成一个个连续并独立的昆虫结构。一种可能性与另一种可能性或相互加强，或相互排斥，最终产生新的更多的可能，让两个遥远的现实在陌生的平面上相会。在这个既精确又模糊的系统中，作者试图用这些独立、静止的片段进行一次临时聚会，使其处在运动当中，却在势均力敌的对立因素中保持静止状态，整一、中性、自足、饱和、客观。当然它们也可能随时分化，成为一种新的可能。

脉翅目(1)

脉翅目（2）

蛇蛉目

蜻蜓目

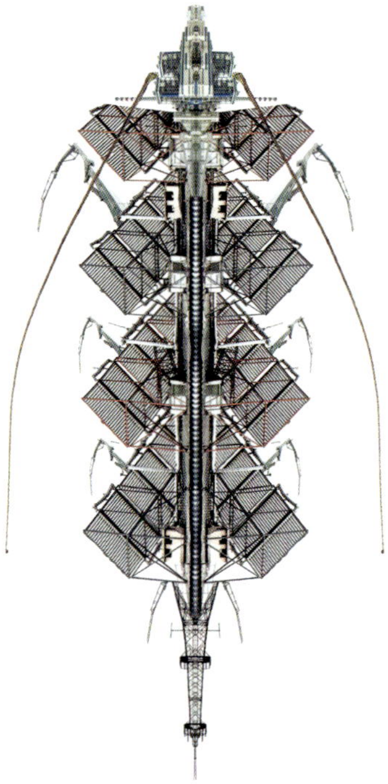

革翅目

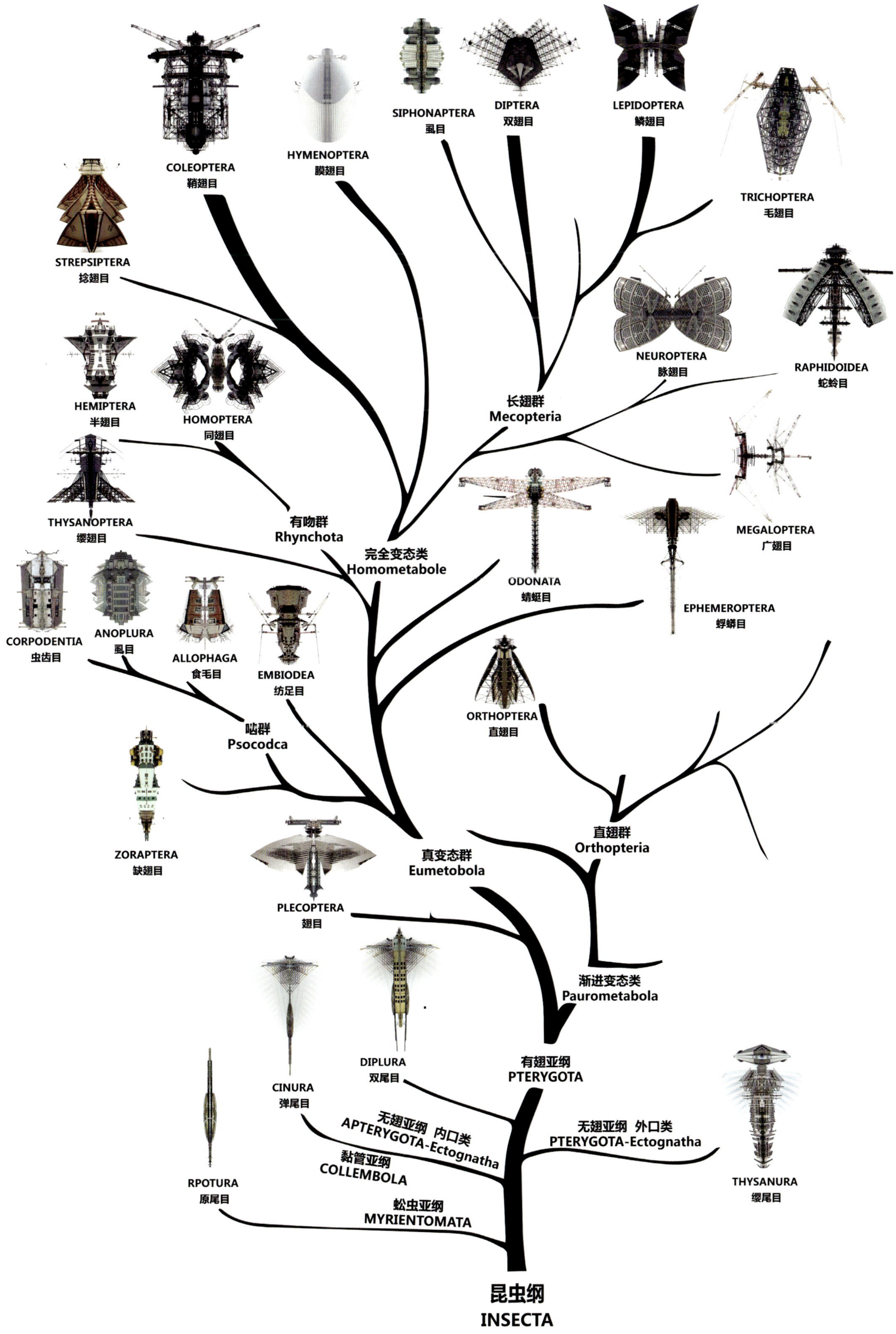
COLEOPTERA
鞘翅目
HYMENOPTERA
膜翅目
SIPHONAPTERA
虱目
DIPTERA
双翅目
LEPIDOPTERA
鳞翅目
TRICHOPTERA
毛翅目
STREPSIPTERA
捻翅目
NEUROPTERA
脉翅目
RAPHIDOIDEA
蛇蛉目
HEMIPTERA
半翅目
HOMOPTERA
同翅目
长翅群
Mecopteria
THYSANOPTERA
缨翅目
有吻群
Rhynchota
完全变态类
Homometabole
ODONATA
蜻蜓目
MEGALOPTERA
广翅目
EPHEMEROPTERA
蜉蝣目
CORPODENTIA
虫齿目
ANOPLURA
虱目
ALLOPHAGA
食毛目
EMBIODEA
纺足目
ORTHOPTERA
直翅目
啮群
Psocodca
ZORAPTERA
缺翅目
真变态群
Eumetobola
直翅群
Orthopteria
PLECOPTERA
翅目
渐进变态类
Paurometabola
CINURA
弹尾目
DIPLURA
双尾目
有翅亚纲
PTERYGOTA
无翅亚纲 内口类
APTERYGOTA-Ectognatha
无翅亚纲 外口类
PTERYGOTA-Ectognatha
黏管亚纲
COLLEMBOLA
RPOTURA
原尾目
蚣虫亚纲
MYRIENTOMATA
THYSANURA
缨尾目
昆虫纲
INSECTA

昆虫纲

WANG RUNZHONG & HUANG GUAIER

汪润中&黄乖儿

黄乖儿1994年生于浙江台州
汪润中1995年生于安徽芜湖
黄乖儿&汪润中是工作和生活于纽约的艺术家组合
他们的作品从多个领域探讨了本体论意义上的摄影和摄影作为当代艺术的可能性

数码时代，摄影媒介制造（获取方式）和传播影响的方式和途径都有更多变化。乖儿和润中在更开放的语境下讨论摄影，是基于符号学、文化等跨学科理论研究的创作体系对摄影权威的解构与阐释。其创作指向新摄影史研究对传统摄影史的批判、现成品的再创作，以及作为符号（symbol）和文本（text）的摄影的重构。期待这对情侣更多的作品。

——春熙

C : 春熙
H : 黄乖儿
W: 汪润中

C:《一本摄影书》有两种呈现方式，两者有什么不同吗?
H: 第一种形式是大幅的扫描影像。首先扫描可以被视为一种特殊的摄影形式，这个作品将摄影当成符号，同时将其转化成摄影式的产物，这里面是存在一些符号的拆解和重组的。第二种形式是创造出书的模拟物（simulacrum）或是书的影子的形式，这是一种对于《论摄影》权威的化解，并且将书回归为单纯物（object）进行探讨。有的人可能觉得这是一种比较幽默的形式，因为它不适用于我们习以为常的归类原则，而是在“书”和“物件”的概念之间有一个似是而非的徘徊，正是这个徘徊产生了幽默的张力。我们希望这样的张力能促使观者有更多的思考。
W: 没错。另外，尺寸对于一个作品也是很关键的，对于大幅影像（大约112×127cm）来说，你可以看到很多抹去的痕迹和隐藏在背面的内容，这些小细节都是作品的一部分，同时也是一部分观者容易忽视的地方。而对于书本形式来说，重要的则是它的流通性、互动性和“似是而非”的属性，因此两者互为主体，又互为补充。

C: 请谈谈这个作品的灵感来由和创作方式。
H: 我们两个一起聊天的时候经常会有作品灵感产生。这个作品是我们谈上一个作品《一本精神分析辞典》时的“副产物”。《论摄影》是摄影史上一部里程碑式的理论文献，选择它是想对权威话语进行一种解构。
W: 艺术本体是关于语言的，所以我们在对语言与符号背后的理论进行学习研究的时候，自然而然就出现了对于摄影话语权的思考，随后这个作品也就应运而生了。

C: 摄影和社会符号化之间的关系是怎么样的? 你们认为摄影在其中起着什么样的作用?
H: 摄影推动了社会被符号化的进程，而摄影本身又何尝不是一个符号呢? 就像这个作品里的那么多摄影，都已经不是寻常生活中提到摄影时你脑海中所想的那个形象了，是被剥夺了能指（signified）的符号。
W: 是这样的。甚至于《论摄影》这本书也是摄影本身一个颇具权威的象征。

C:《论摄影》对你们的摄影创作有什么影响?
H: 中文版、英文版都看了。以前是慕名而看，现在发现要把摄影作为客体，放在其历史和空间的“上下文”（context）来看这本书。
W: 是的。正如乖儿说的，这本书对于学摄影的人来说是逃避不了的，是很好的一本了解摄影作为文本（text），而不是单纯技术形式的入门读物。

C: 作为艺术家组合，你们在创作中谁是强势的一方，有没有妥协?
H: 没有什么强势或是弱势之分吧，是不是，润中? 应该说是一起决策，也没有妥协之说。一切都是为了作品好。
W:（笑）我们这代人的个体性都特别强，争执肯定是会有的。我觉得艺术家组合是一个很奇特的群体，无论性别、文化背景还是年龄，创作的时候都是鲜有私心的，像是一种“乌托邦”。

C: 作为在国外留学生活的华人，你们最大的感受是什么? 对待美国文化的态度是什么?
H: 我是高中毕业之后就来美国读本科了。因为从小接触的西方文化也很多，当时刚来感觉是验证了自己对于美国的想象。最大的感受是来这边学到了自己想学的东西，有许多选择的自由。但这么多年后，发现自己更爱国了，也更加体会到了自己的华人身份在美国文化中的特殊性。
W: 我来这边不久，乖儿很早就来了。这样就造成了一个有趣的局面，由于出国的时间不同，我们对于西方文化和思想的看法也稍有不同，但源于中国文化的那部分思想又非常相似，因此我们之间就能诞生很多对话（dialogue）。

C: 谈谈你们喜欢的摄影师或者作品。
H&W: 喜欢很多。比如布鲁斯·瑙曼（备注1），他的作品很多，涉及面也很广，探讨了很多“语言游戏”及语言背后的权力话语的问题；河原温（备注2），我们喜欢他作品的气质和对时间维度的冥思；欧文·沃姆（备注3），他对于摄影和雕塑幽默的结合以及他独特的视角很值得学习；菲利克斯·冈萨雷斯·托雷斯（备注4），他利用极其寻常的物件创造的无限的民主性雕塑，突破了艺术品的唯一性和不可触碰的极限。

备注1: 布鲁斯·瑙曼生于1941年，父亲是电气工程师。他上大学时学习了物理、数学和艺术，特别学习了古典音乐和哲学，如维特根斯坦的分析哲学，这些都对他以后的艺术实践产生了重要影响和作用。

备注2: 日本概念艺术家河原温在当代艺术中的地位众所周知，然而，在公共传媒中你却找不到有关河原温的个人信息，他从不在有关自己的展览中拿出简历，也不出示个人照片，所以，我们很难知道他的出生年月。河原温就是这样一位神秘的艺术家。

备注3: 欧文·沃姆生于1954年，奥地利“荒谬”观念艺术家，大胆的Fluxus流派拥护者。从20世纪80年代起开始推出他的雕塑概念。他将建筑、影像、现成品、摄影以及美术馆的参观者，整合融入荒诞而令人耳目一新的互动雕塑中。

备注4: 菲利克斯·冈萨雷斯·托雷斯1957年生于古巴，后流亡到美国，从此一直在纽约和洛杉矶居住和创作，1996年死于艾滋病，年仅38岁。

一本摄影书·2017

这个项目对苏珊·桑塔格著名的《论摄影》一书进行了挪用、消解及似是而非的再创作。全书中除以“photo-”为词根的词之外的文字、图像都被尽数铲除，留下了幽灵一般的“摄影”文本及摄影媒介独特的（幽灵一般的）痕迹。那么，这是一本书，还是一个物件？这是一本匿名者的宣言，还是“作者已死”？这是对摄影的反复强调，还是一种被盘剥后的缺席？

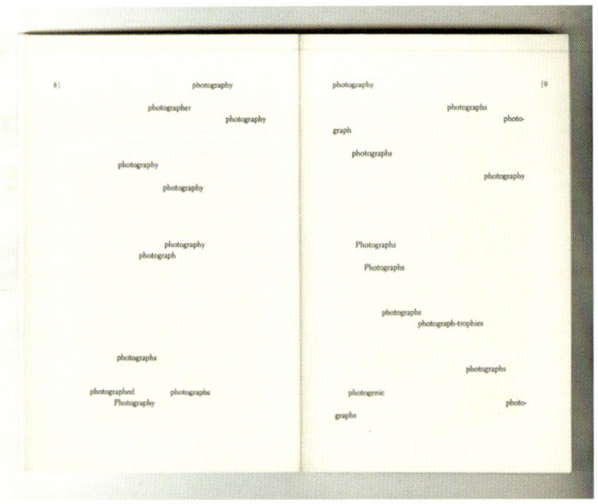

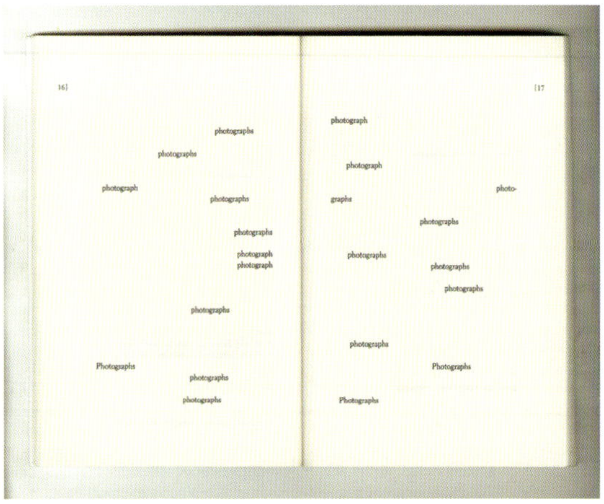

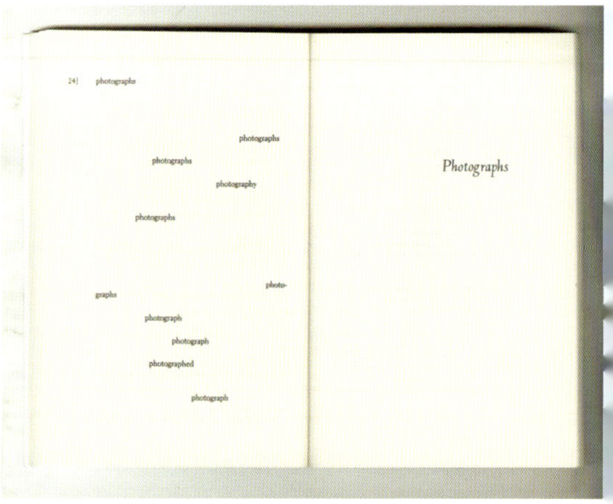

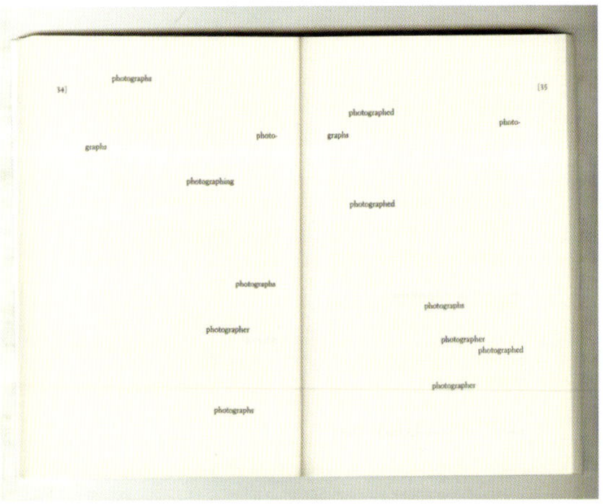

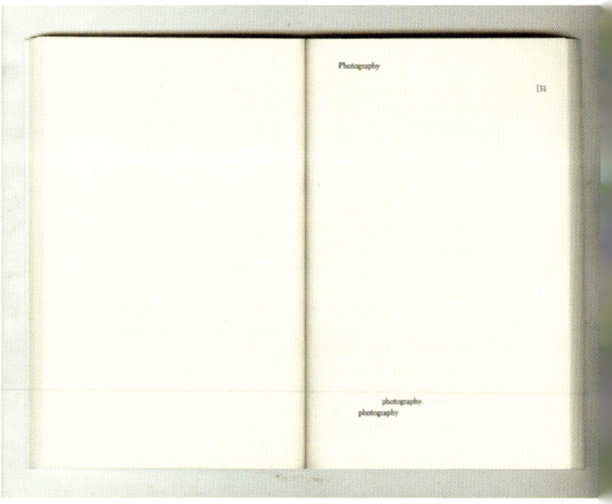

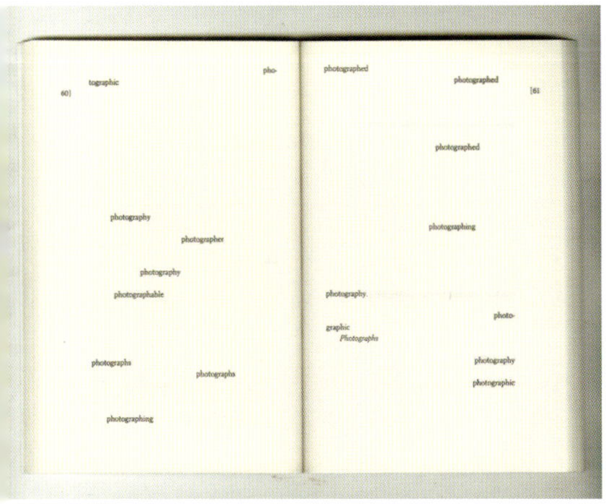
60]
tographic
pho-
photographed
photographed
[61
photographed
photography
photographer
photographing
photography
photographable
photography
photo-
graphic
Photographs
photographs
photographs
photography
photographic
photographing

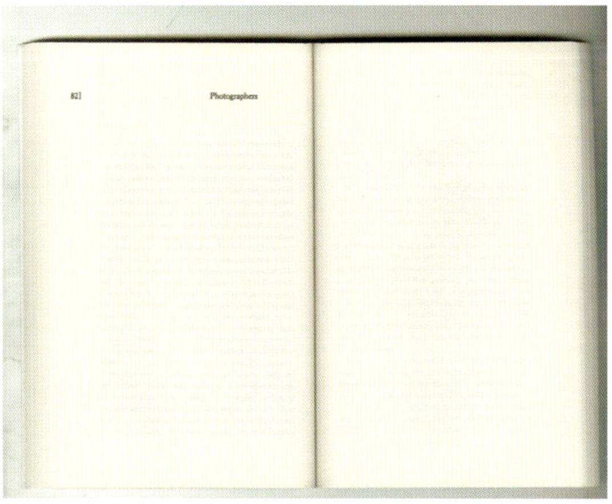
82]
Photographers

180]
photographic

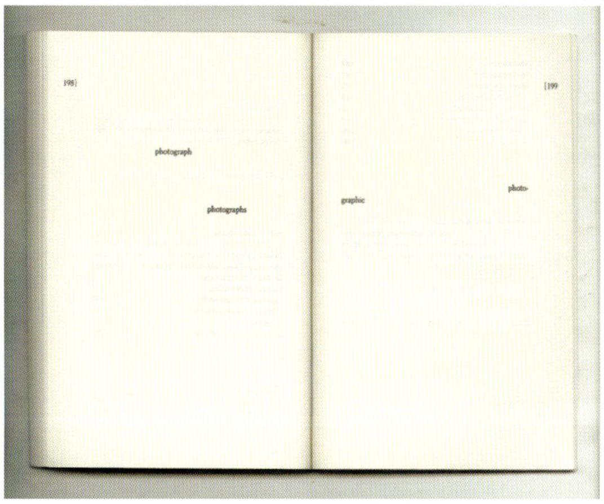
198]
[199
photograph
photographs
graphic
photo-

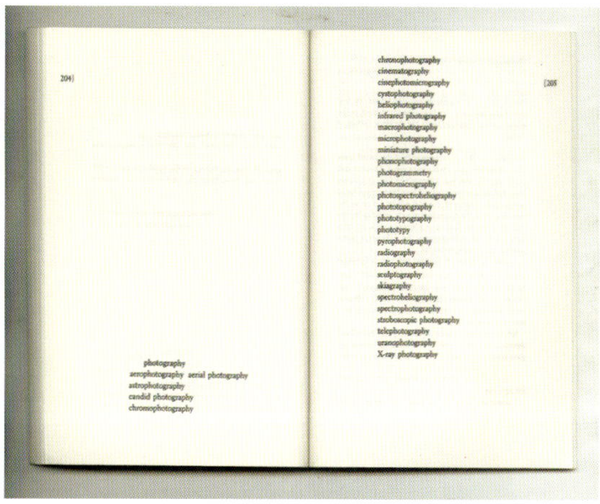

16]
photograph
photographs
photographs
photographs
Photographs

Photography

[183

24]
photographs
photographs
photography
photographs
photo-
graphs
photograph

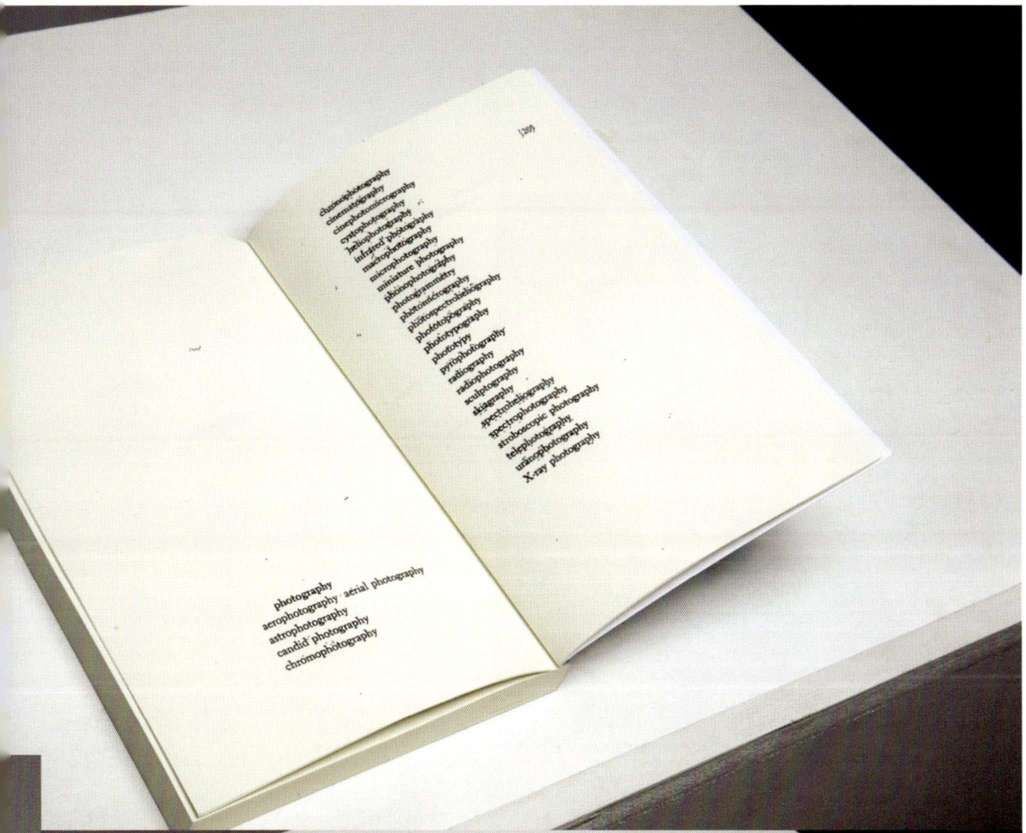
photography
aerophotography aerial photography
astrophotography
candid photography
chronophotography
X-ray photography

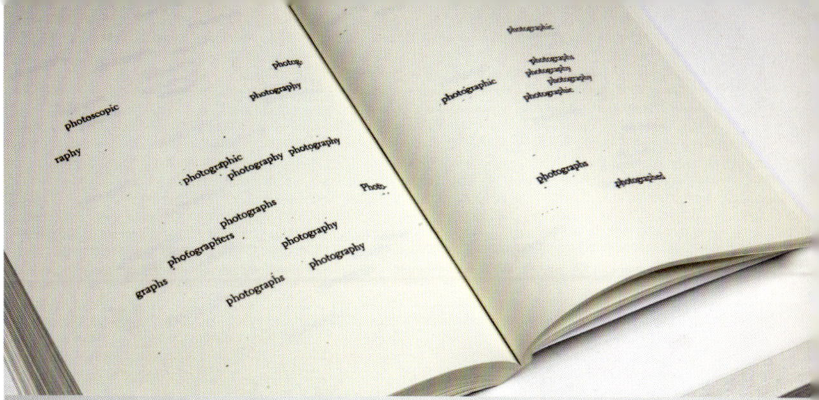
photoscopic
photographic
photography photography
photographs
photographers
photography
photographs

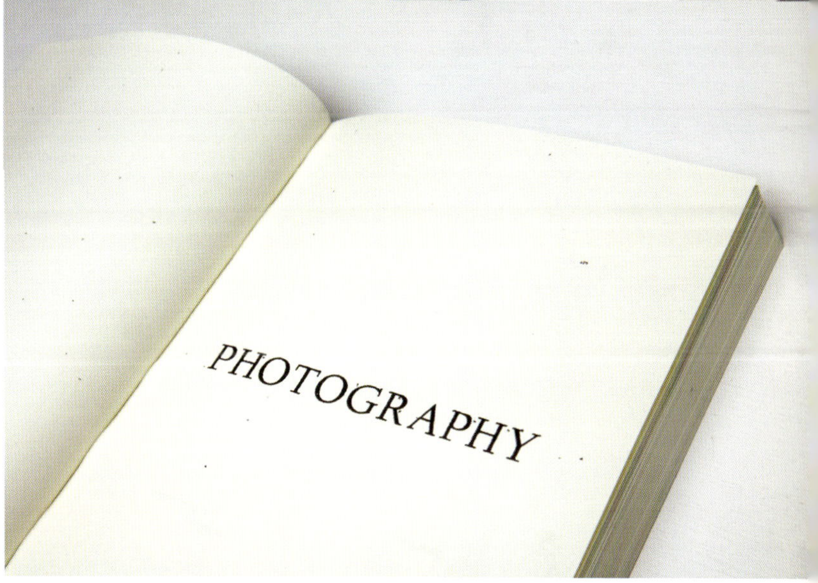
PHOTOGRAPHY

photograph

Photography

W U JIAXING

吴佳星

1995年生于湖北武汉
现就读于湖北美术学院设计系摄影专业本科
2016年作品《窥》获Hiiibrand国际摄影大赛优秀作品奖
2016年作品《窥》获全国大学生设计Design DOT创意创业大赛摄影单元银奖
2016年作品《窥》获全球摄影网全国大学生摄影大赛收藏作品奖
2016年作品《struggle》获第23届北京大学生电影节第二届学生摄影大赛优秀作品奖
2016年作品《自拍相》参加“金驹杯”世界大学生摄影展
2017年参加“拍照吧，少年”第四季北京798艺术区映画廊摄影展

敢直说自己的理想是当艺术家的年轻人不多，吴佳星是一个。他直接、勇猛，作品也是如此，充斥着艳丽、大胆、怪奇的想象力。然而在张牙舞爪的外表下，她也有着细腻晦暗的一面，纠结、不安、敏感与执着。这种复杂的微妙矛盾反而加深了她的艺术气息。

——何青

H : 何青
W: 吴佳星

H: 你为什么会选择摄影专业?
W: 其实我的理想是当一名艺术家。父母都是在艺术行业工作的人。我一直对绘画很有兴趣，可是上过大学的艺术思维课程之后，我开始发现当代艺术绘画传统的东西已经进入死胡同了，所以我希望通过另一种方式来更好地展现我的思想、我想表达的内涵。现在是信息时代，图片更能说明问题，所以我选择了摄影专业。

H: 你的作品色彩挺强烈的，比如《窥》在你刚开始接触摄影时就确定了这种表达方式吗?
W: 我从来没有刻意地去追求某种表达方式，我觉得我在这方面可能是有某种天生的感觉吧。我喜欢艳丽纯色的东西，也喜欢静雅的事物，跟我的性格有关。我觉得我是个极端的人，所以我的东西也有两种极端。因为我对绘画的热爱一直没有停过，所以一直也把绘画跟影像结合在一起。

H: 艳丽和静雅，就像《窥》和《Struggle》么? 不过感觉它们表达的内容是类似的，都是对内心世界的探寻。
W: 对，我的作品都是我在经历过身边发生的一些事后自己有感而发创作的。

H: 可以说说你的处女作《Struggle》吗?
W: 在创作《Strugglc》之前的一段时间是我迈入20岁后最难受的一段时间。我曾经很信任的一个人在我身后说了很多我的坏话，包括把我说过的话曲解之后告诉其他人，导致那段时间很多矛盾集中爆发，以至于有很长一段时间我陷入了信任危机。《Struggle》就是在愤怒与对人性的失望中创作出来的。人与人之间，最好还是隐藏住自己的感情，这样谁都不会受伤。

H: 所以这组照片隐藏了面部、表情?
W: 对，我不想让任何人知道我在想什么、干什么。

H: 你现在看这组照片有什么遗憾吗?
W: 遗憾还是很多的，包括当时技术不过硬，保存错了格式，还有灯光效果不足。

H: 相比这组，之后的《窥》就张狂了很多，如果说《Struggle》是内敛的，那么《窥》是很外放的。
W: 创作《窥》的时候我渐渐接触了金属乐。我觉得喜欢上地下音乐对我的改变也挺大的。我从一个不怎么喜欢讲话的女孩子变成了开朗热忱的人。玛丽莲·曼森给了我很大的启发，也是因为他的一些妆容我开始大胆地运用我所想的元素。

H: 玛丽莲·曼森是一个怎样的歌手?
W: 大胆前卫，不畏世俗，追求自我，放荡不羁，是个疯子。

H: 你喜欢疯子型艺术家吗，就像尼采说的“酒神”精神?
W: 对，因为我也很想疯疯癫癫地过一生。

H: 感觉他的装扮有点像蒂姆·伯顿。
W: 其实差得有点多(笑)，但是有一些是一样的，他们都是goth(哥特，编者注)，我也是个goth。

H: 我看百度对goth的定义是将死亡、苦痛看作生命的一部分，生活只剩下生存，不快乐是他们的生活方式，是这样吗?
W: 这个是stereotype(刻板印象)，其实并不是这样的，我觉得goth是一种生活方式而已。

H: 什么样的方式?
W: 你没必要一定要觉得死亡和痛苦是生命的一部分，你觉得自己是哥特你就是。国外对年轻边缘摇滚青年分为三种：emo、scene、goth。其实现在很多人对这三者有误解，emo才是最情绪化的。这个我说不清，要自己体会。因为我每次跟别人谈起的时候，他们就会说：“不就是非主流么，还把自己搞得那么高端。”(笑)

H: 哈哈，所以意思是goth也强调生命不仅仅有死亡和痛苦，还是要去关注其他的东西?
W: 是的，而且不是所有的goth都是要死不活的样子，这都是人们的刻板印象。我有一些国外goth朋友，他们都很开朗，很可爱。最主要的区别可能就是穿着吧，但是也不见得非要穿的不一样。

H: 明白了，所以自由生活才是最重要的。
W: 对，自由生活。

H: 感觉《羁绊》像《窥》的延伸版，不过《羁绊》的创作方式又有了变化。
W: 《羁绊》是反转片。我很想看看反转片的效果，对我来说仿佛是游戏，很好玩，很有趣。

H: 是用135的胶片机拍的吗?
W: 不是，是数码。

H: 《羁绊》感觉好像是自己成为自己的羁绊，内心很纠结么?
W: 是的。我想突破自我，但是有很多因素牵制我。

H: 是指艺术创作上吗?
W: 艺术创作上，生活上，都是金钱、想法和自己的踟蹰。穷啊!

H: 哈哈，当艺术家还要什么钱!
W: 就是因为要当艺术家，所以钱太重要了(捂脸)，没钱做不出来啊!

H: 你的老师、同学对你的作品有什么评价吗?
W: 同学之间很少会聊作品方面的事情，都是自己做自己的事情。

H: 大家都在干什么? 我听说湖美的摄影系也比较边缘。
W: 我觉得一个人最后能不能走出来跟学校有一定的联系，但关键是看个人努不努力，肯不肯学。我的摄影老师资历都特别棒，都给予我很大的帮助，就是因为他们开拓了我的视野，比如罗辉老师、张朴老师。所以我决定去美国求学。我这个人比较边缘吧，很少跟同班同学聊天，所以我不是很清楚他们在做什么。

H: 你准备去美国哪些学校? 还学摄影吗?
W: 我准备去芝加哥艺术学院和纽约视觉艺术学院，但是这要看人家要不要我。(笑)

H: 你没有考虑换成纯艺术或者新媒体之类吗?
W: 没有，我喜欢摄影，而且如果是纽约视觉艺术学院的话，它的摄影专业其实也包括了新媒体之类的。国外的摄影教育不局限于摄影，你也可以做你想做的很多装置啊之类的。

Struggle·2015

如今的我们无法做回真正的自己，永远被所谓的“外界”所囚禁，我们不能说我们想说的，不能做我们想做的，遇到讨厌的人也要强颜欢笑。你们无法看见我真正的喜怒哀乐。

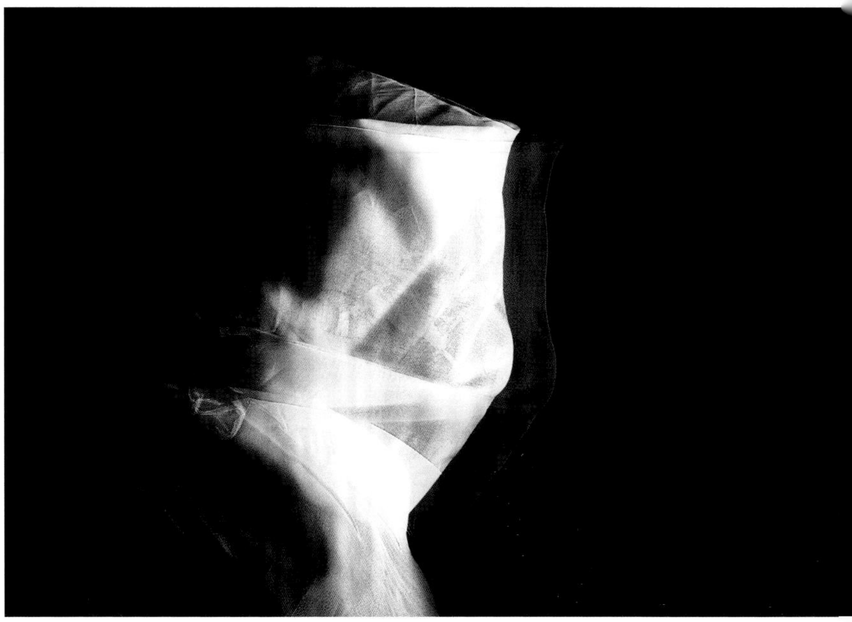

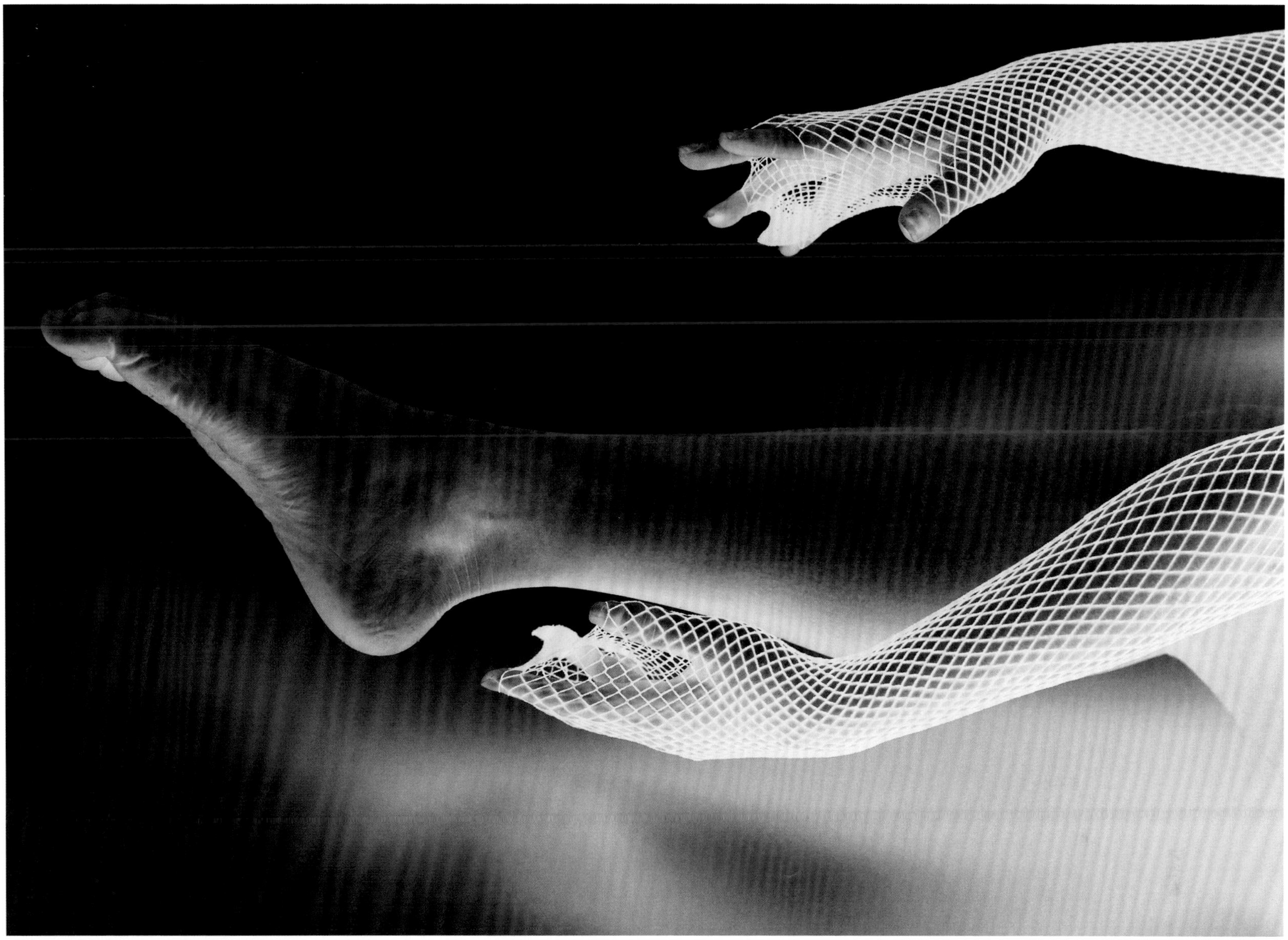

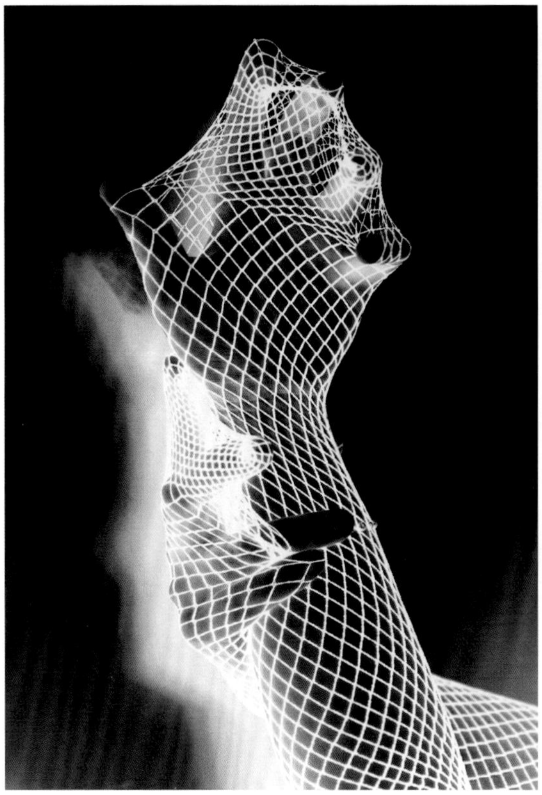

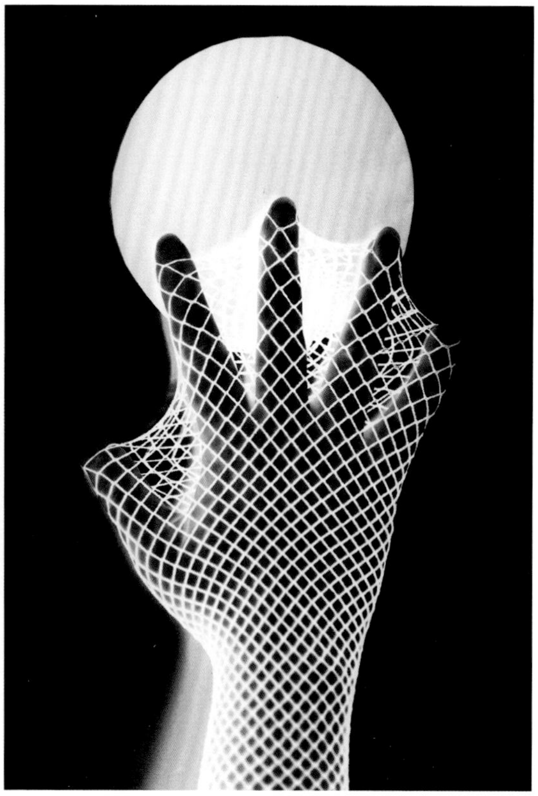

窥·2015

我是一个很张扬的人，我总是说自己不在乎别人的目光，但其实每一次别人对我区别对待，都会让我异常烦躁。我总说坚持做自己，但是每次别人看着我就把我定位成不良少女真的让人沮丧。一直说坚持自我，但是坚持自我真的很难受。

窥·2015

W U
Y U H A N G

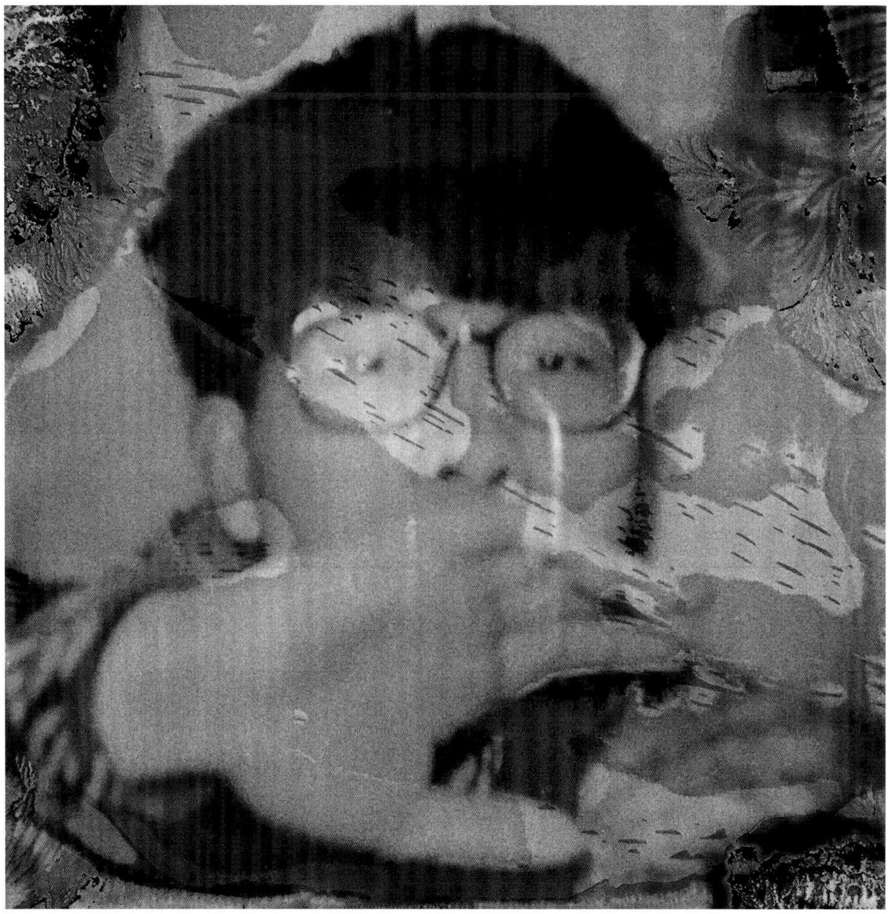

吴雨航

1994年生于重庆
2014年获现代摄影网年度TOP20摄影师奖
2015年获米拍网十佳手机摄影师奖
2015年获快拍快拍网年度总冠军
2015年获第10届亚洲大学生摄影大赛三等奖
2016年作品《坠入》参加北京尤伦斯当代艺术中心“你好，我的样子”展
2016年作品《副本》参加“日常·遇见”二十位中外摄影师作品联展
2016年作品《副本》参加浙江宁波摄影艺术中心“对话”12位中外摄影师对话展
2016年作品《副本》参加中国平遥国际摄影大展“有时很近，有时很远”双人展
2016年获Artand年度评选摄影类最具关注价值奖
2017年获首届中国手机摄影奖CMPA观念组金奖
2017年作品《C1101》参加重庆蓝城市生活节“世界蓝X重庆蓝一蓝胜于蓝”摄影展
2017年作品《微芒》参加重庆第三艺术实验室“另存为.../Save As...”影展
2017年手工书《副本Zine》参加上海民生美术馆“abC”艺术书展
2017年手工书《副本Zine》参加中国国际展览中心举办的“独立成册：艺术机构和艺术家”书展

他的孤独是一座花园。春天来了，忧郁的过去开始萌芽，可以先给它们浇浇水，浇点蜂蜜也可以，然后邀请一些老朋友。乐乐好久不见了，忧忧和静静总是形影不离。“我们一起玩吧！”他大声地宣布，但只有回声作为回答。于是他拿着相机晃荡在湖边，回忆随风而来，他想起了那些没有来的小伙伴，有的拿着蜡烛，有的沉入黑暗，有的碎成星星点点。他看着湖水，一直看着。风在沉默中流动，时光结出了酸涩的小果。诗人在唱，有人屈从于存在的黑暗，而他屈从于尚未存在的黎明。

——何青

H：何青
W: 吴雨航

H: 说说你是什么时候开始走上摄影道路的?
W: 我的专业是小学美术教育，更偏向于教育方向。之前艺考学习的时候，看了我老师的摄影作品《月缺》，当时觉得原来摄影可以如此表达自己的内心，而且可以做得那么精致。上大学之后，老师的摄影创作也潜移默化地影响着我，同时个人感觉绘画对我来说没有那么大的愉悦感，然后就开始试着接触摄影。

H: 说说你的第一组作品《谧》吧。
W: 这组作品其实是我做的第一组作品，当时买了一台胶片傻瓜机，然后用过期的胶片拍。都是晚上拍的，照片出来后，自己感觉还挺喜欢，然后就把它做成了作品。其实我刚开始接触摄影的时候，不喜欢出去拍风景和人像，拍了很多自己的手，然后拍同学的手，看到一个喜欢的场景就喜欢把手置入环境去拍。第一组作品完成后，我就慢慢开始尝试不同的创作。《残相》这组照片是我的第二次摄影尝试，我把数十个胶卷泡入酸性液体里腐蚀，在未知成像预设的情况下进行拍摄，很多胶卷可能因为腐蚀严重，冲洗出来根本不能再用，最后只有一个胶卷成像，画面上出现了残破、不完整的质感，所以就取名叫作“残相”。

H: 这两组作品完成后，对于摄影你有没有一些重新的思考?
W: 其实我之前的拍摄只是一种尝试，就觉得好玩儿。拍了这两组作品以后，突然感觉自己对摄影的态度更加丰满起来，通过摄影获得了一种自然而然的满足感，觉得很开心。接下来开始创作《副本》，这个作品是个人情绪碎片式的记录，零零散散地收集，作为自己一种生活状态的另存。

H: 这组《副本》是不是参加了很多的展览?
W: 参加了“日常·遇见”中外青年摄影师作品联展、浙江宁波摄影艺术中心“对话”12位中外摄影师对话展、中国平遥国际摄影大展“有时很近，有时很远”双人展。

H: 所以这组作品算是你自己的代表作品了。
W: 算是一组比较完整的作品，作为自己的一种情绪记录吧。

H: 从《坠入》这组作品来看，你好像显得更成熟了。
W: 也谈不上成熟，这组作品是去年跟图虫网和华为手机合作的一个拍摄项目。当时我通过网络采集了一些抑郁症患者的肖像，在征集这些肖像故事的时候，你会发现很奇妙，他们居然愿意毫无保留地告诉你他们的故事，把一个网络上的陌生人当作朋友来倾诉。拍的时候没想太多，拍完之后看到照片，想到他们的故事，自己觉得还挺痛苦的。

H: 这组作品拍完之后，听说你有一段时间就不想拍照了?
W: 对，就开始觉得拍照好痛苦，可能是因为跟他们接触，听他们的故事，突然让自己觉得照片好像没那么重要了，倾听反而更重要。基本已经过了那个阶段，现在慢慢调整自己，开始准备新的创作，就开始做《微芒》。

H:《微芒》很有特点。
W:《微芒》是我将废弃的旧照片重新整理归档，把它们导入一个3D软件，通过这个软件，将二维平面的废旧照片变成了一种可观看的三维模型，在这个空间之中，照片里的人与物都被抽离出来，幻化成光点和碎片，任凭你随意旋转变换，在三维空间里被重新观看。我无规律地将这些点状图像进行旋转，然后重新截取，“无用”的旧照闪烁出新的光芒。作品以四墙投影呈现，观者走入其中，既成为参观者，也成为影像的一部分。

H: 你后来的作品，包括现在做的这个《延》，都有了一点实验性的感觉。
W: 当时买了一台宝丽来相机，想拍一点即时显影的生活照片。但是在网上买到“不良卖家”出售的相纸，由于相纸过期，感光剂无法正常成像，造成当时看来的“吃亏上当”。后来特意在网络上回收各种类型的宝丽来过期相纸和出厂残次品。用这些无法正常成像的相纸进行各种手工实验，因为相纸上是有药水的，有的即使过期了5—10年药水也没有彻底干，我就直接在相纸上挤压捏相。因为相纸的种类规格不同，捏造之后，我可能会有各种不同的处理方式，所以需要收集大量相纸来做尝试。将看似“无用之物”物尽其用，最终作品呈现出类似中国传统绘画中的延绵山川般的效果，模糊了绘画与摄影的边界，算不上严肃的创作，就是玩。

H: 那你以后是怎么计划的?
W: 我学的是师范类，但不想那么快就去做老师，想再学几年，创作一些作品出来，所以跨学校跨专业考了新媒体艺术，也是希望通过学习能把摄影跟其他媒介做更好的融合，比如摄影与行为、装置、影像视频等，不是单纯专注于拍照的过程。因为自己存在一些困惑，所以想多去学习。

H: 所以你想做得实验性一点?
W: 是的，希望做得更跨媒介一些，更具实验性一些，或者更介入社会一些。感觉自己以前的东西还是太个人、太小气，太矫情。其实社会上存在很多问题，等待着敢说真话的艺术家去发声，至少我们应该有提出问题的勇气，尽管它可能不会那么快就被解决。对我来说，这是将来会去做的方向。

H: 所以你的作品，是从最开始对摄影的尝试，到慢慢地用摄影去表达内心的情感，然后到通过摄影进行一些实验性的创作，再到将来你可能介入社会进行创作。是这样吗?
W: 对，是这样。目前看来，之前的作品都谈不上好，但却是不可或缺的过程，是对以后创作的一种积累。

H: 怎么看待情绪这种东西?
W: 我觉得情绪跟每个人的生活环境、成长经历有关。每个人的看法不一样，所以这个问题我可能也没办法很理性地去回答。就我自己而言，心里有一些阴暗的、不好的情绪，就用照片去释放、缓解，情绪就自然承载在照片中了。

谧·2014

谧，笔画数有12画，笔顺编号：454543425221，形声字，本义为安静，指环境的安静，没有动荡，不受打扰。

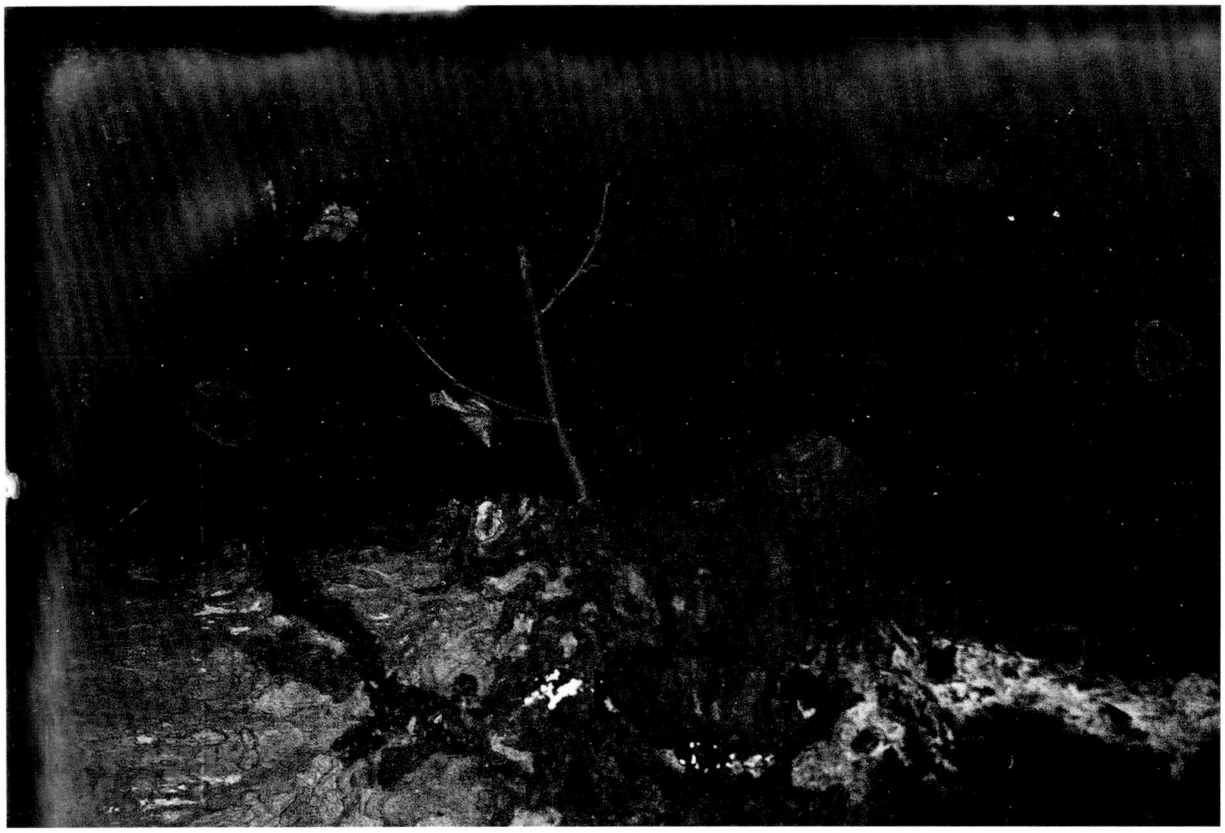

残相·2015

将胶片进行腐蚀，在未知预设的情况下曝光。希望它呈现出模糊迷离般的质感，那是我想制造出的委婉的残酷。但冲洗出来后，胶片的颗粒感被放大，照片斑驳成一道道残存的影像，它给了我更加赤裸的真实。

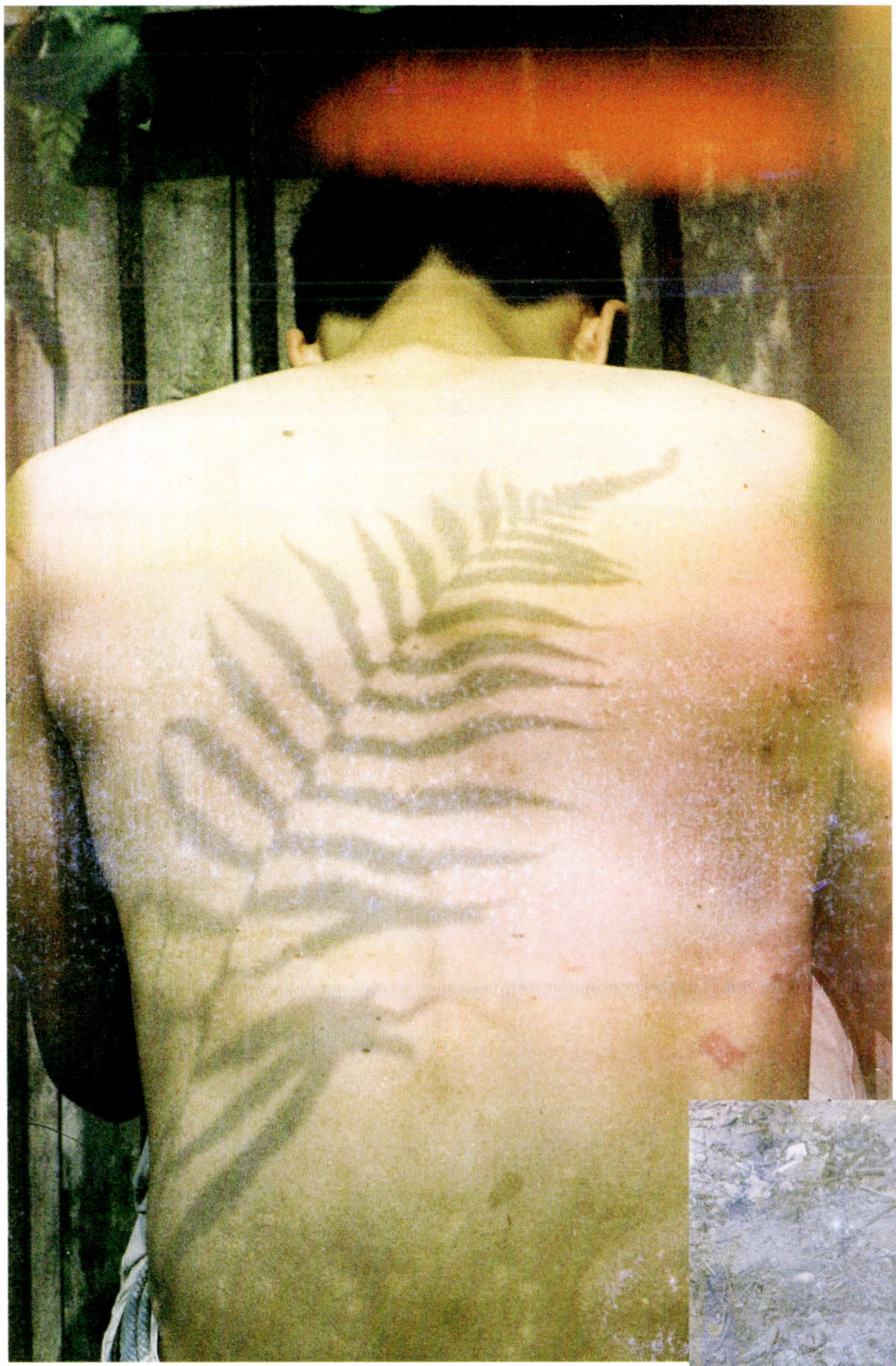

副本·2014—2016

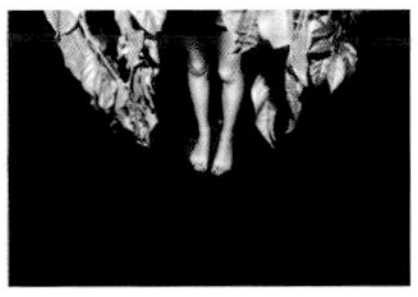

《副本》这组作品是对2014年初至2015年末影像片段的部分截取。我将这些生涩复杂的情感状态自私地复写描摹，不避讳其中负面与悲悯的同时，尝试积极寻找阴影和黑暗里的可见光。以生命体验串联起来的这段副本，不是伪装生存状态的另存，而是无须再提及的告别。

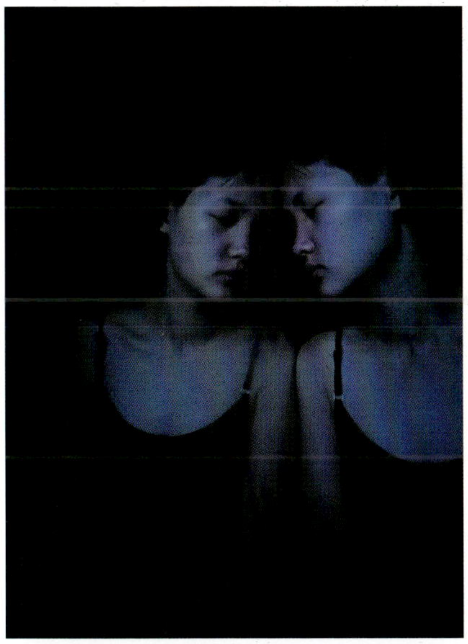

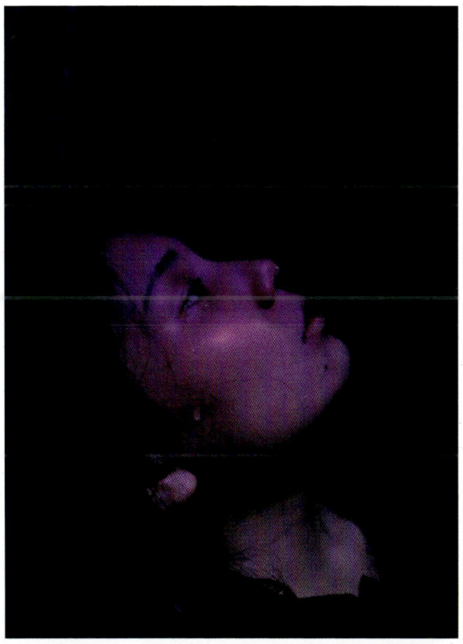

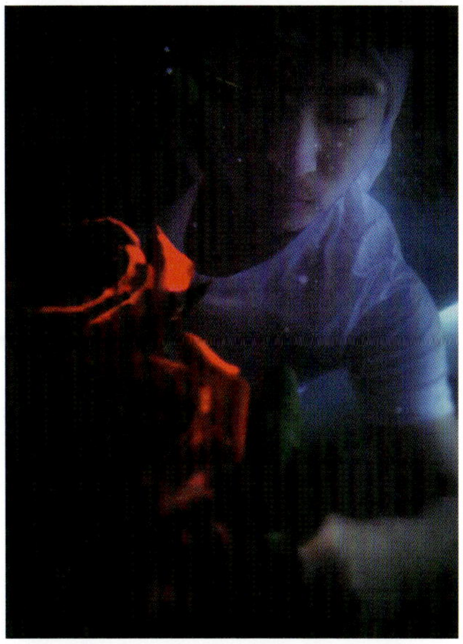
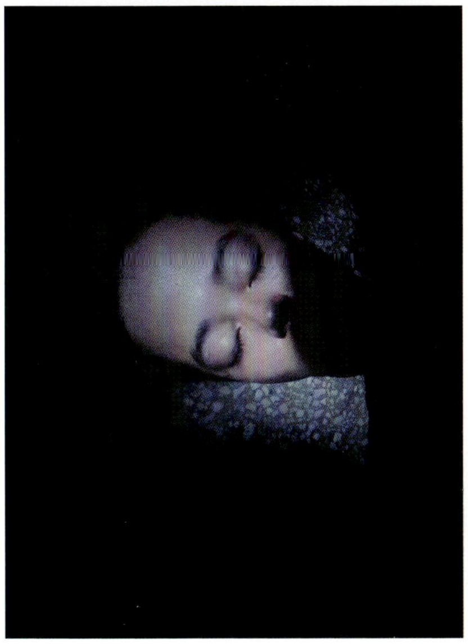

我通过网络寻找那些和我一样抑郁封闭、低迷悲观的人，倾听他们的故事，拍摄他们的面孔。一切压抑的事物，其实都在等待时机突破压抑的表面，显露内在的生机。我很清楚，他们和我都不过是坠入了精神和感情上的泥潭，在此困住。他们需要更多的包容和关爱，愿所有还在沼泽泥潭里挣扎的人都能找到出口，不再坠入。

W U ZHENGOU

吴郑鸥

1989年生于成都，现居北京
北京电影学院研究生毕业
2012年作品《周遭》参展第4届济南国际摄影双年展
2012年获第4届济南国际摄影双年展“青年摄影师资助计划”奖及优秀摄影师奖
2012年作品《周遭》参展“寇德卡与中国摄影师作品”展
2015年作品《最后一片绿地》参展色影无忌“中国新锐摄影师发现之旅”展
2016年作品《今天你会不会来？》参展“日常·遇见”中外青年摄影师展
2016年作品《今天你会不会来？》参展北京电影学院“繁星万相”联展
2017年法国贝桑松美院驻留艺术家
2017年作品《Heartbeat》参展法国贝桑松美院第8届行为艺术节

一直很喜欢吴郑鸥的创作。图像、文字、行为、规则、约定、期待、不确定性……她并没有在摄影本体层面做过多的强调（即便如此，她拍摄的影像也正在形成很强烈的个人风格），而是对创作过程和结果的可变性着迷。小鸥在作品中设置的规则往往是半命题，而随机寻找到的“市民”和“群众”则是参与和完成作品的重要因素。拍摄成为作品必要但不唯一的一个环节，而被摄者和艺术家的关系也不再是单向、线性的，我们看到的是两个饱满的主体共同构建了富有人情味的一个个故事。借此，我们能够感受到温暖。

——何博

H：何博
W：吴郑鸥

H：我曾经私自把苏菲·卡尔(备注1)所做的大多数项目理解为“行为摄影”，也就是以摄影记录某些行为的节点，并将照片（有时候还有文字）作为作品完成后的主要呈现媒介。用“行为摄影”这种说法来理解你的作品，你觉得是否合适？

W：一些学者为了更好地对当代摄影脉络和流派进行梳理表达，会用“导演摄影”、“行为摄影”这样的词语对一些摄影现象进行分类。这无可厚非，在我做研究的时候也会这样描述一些摄影现象。但站到创作者的角度时，其实没有考虑到这样的问题，考虑的只是用什么样的方式和选择什么样的媒介去表达自己。当然你可以用“行为摄影”去理解我的创作，可你想一下，这可能更多是站在摄影研究这个角度来看的。如果站在更宽泛的艺术立场，它也可以说是一种行为艺术，用照片、文字记录和传播。

苏菲·卡尔的有些作品我比较喜欢，比如流行的《Douleur Exquise》。最开始知道她的时候我已经完成了《最后一片绿地》的摄影、行为和文字部分，其他部分还在思考中，未完成。有个老师跟我说："你知道苏菲·卡尔吗? 你可以去看看她的作品，她的作品在表达方式上和你一样，也是融合了摄影、行为和文字。"于是我才知道这位艺术家。我很开心，有人和我一样充满好奇心，都在用摄影、行为、文字去创作，而且更加自由成熟。那时候我还在读研一，更多是站在"摄影"的立场去考虑。苏菲·卡尔更加解放了我，她让我知道可以不用那么僵化地只从"摄影师"角度去考虑创作，也可以不那么正经和严肃。她的作品里有大量的文字、照片和一些有趣的行为。对我来讲，我很难把她的作品归类为"行为摄影"。虽然她的作品确实很符合"行为摄影"的某些规则，因为"行为摄影"这个词语的主语是"摄影"，重点是"摄影"，可是在她的作品里，"行为"、"文字"也一样重要，你也可以说她是作家、行为艺术家，况且用传统摄影的眼光看，她并不擅长摄影（指一些技法的摄影语言），她玩的是概念。同样，对于我来讲，在我的作品里，行为、摄影、文字都是作品中不可或缺的一部分，它们同样重要。只是因为我是"学摄影"的，所以你也可以说这是"行为摄影"，但其实我真的不关心"它"到底是什么艺术，作为创作者，我在乎的只有表达和选择何种方式去表达。

H: 从在成都天府广场"种植"一块绿地，到《今天你会不会来？》的邀约，再到作为行为艺术家而非摄影师前往法国驻留，你的作品是否更重视对"行为"的强调? 摄影在这些行为中的作用是什么?

W: 就如我前面所说，不管是《最后一片绿地》，还是《今天你会不会来？》，其中的行为、摄影、文字都是作品的一部分，且不可分割。在这里面，行为是很重要的，虽然我不是刻意去强调。摄影的作用，总体来讲，如我们所知，主要是记录和传播，但在不同作品里会有差别，在有的作品里，摄影也有独立表达。比如我这次在法国驻留时完成的一个作品《HEARBEAT》，这主要是一个行为艺术，整个过程我用照片记录下来，同时我也拍摄行为中的一部分（用拍立得拍摄行为进行中掉落的鲜花）。最后展览的时候，我可以用装置、照片（拍立得）、视频去展示我的行为。在这里面摄影主要是起到记录和传播作用。总的来说，我选择了简单朴实的摄影手法，规避了"好看"和"炫技"照片，但在面对具体的个人时，也有不同的情感表达。比如送餐员柴叔叔，我很惊讶他一年365天竟然完全没有假期，这让我想起永不停歇的陀螺。他这样的选择是为了家人和生存，所以给他拍照时我借了旁边一家面包店的餐点和盘子做拍摄道具，带着一种美好的祝愿。而我另外的一些约会对象，我可能就只是让他站在那里，朴实地拍摄一张肖像，足矣。

H: 在你结合摄影进行的这些行为艺术中，都有着明显的规则设置，以及非艺术家身份的民众的参与，这与其他一些行为艺术仅仅由艺术家单独完成有很大不同。为什么"规则"和"参与"对你的作品如此重要?

W: 规则是很重要的，正是这些约束条件，才能促成行为的完成，并唤起一些反应。比如《今天你会不会来？》要求约会陌生人，约会时间距离发出邀请的时间不能太短，双方不能用手机等即时联络方式……这些条件都是必须存在的，看似是约束，其实是创造了空间，也是作品成立的重要条件。

如果规则不存在，那么作品也就不成立，没有意义了。我也在想"live performance"与我的创作的不同点。一般我们对行为艺术的界定包含几个关键词：时间、地点、艺术家的身体、与观众的交流，我不是专门研究行为艺术的，没有太大发言权，也许说法不一定准确，但就自己了解的一些当代行为艺术现象和自身创造而言，我认为其实没有那么死板，有些元素是可以转换的。当代艺术的一个特点是艺术门类边界的模糊性。这意味着很多艺术家都在做不同的尝试，拓宽艺术的多种可能性，不管是有意识的还是无意识的。

H: 作品文字的内容方面，我能够感受到它们与图像的契合度很高，为什么选择手写? 是否在视觉表达层面有所考虑?

W: 因为不管是文字还是图像，都是我真实的个人经验和强烈感受的反映，所以你会有这样的感觉。选择手写并没有考虑太多。潜意识里觉得约会本身就很浪漫，有种"不见不散"的感觉，以前人们没有现代化通信工具的时候，就是这样做的。但今天人们的生活方式改变了，冉用以前的约会方式，就会带给我不同而奇妙的感受。也许我觉得手写更能符合某种感觉和情绪的表达，同时，书写这个行为和电脑打字的不同在于，你反映的情绪是很鲜活的，而且不能反悔和大量修改，任何修改都是痕迹，也是表达。

H: 你本科学的专业是历史，这一学科对于你现在的艺术创作是否存在影响?

W: 没有想过这个问题，但我想潜意识里肯定是有的，它会影响我观察世界的思维方式、创作方法、感受力、兴趣点等。比如历史看起来是研究史实，还原历史真相，其实作为一门阐释学，研究的都是人，人的精神、人的心理、人的反应……比如各种政治策略，说小了是统治者或者统治阶层的决定，其实在宏观层面讲，可能是民族心理和习惯，而民族心理的形成又和自然地理生态息息相关。这种研究过程很有意思。也许正是因为这样，我比较关注人的精神状态和人与人之间的关系。

也许因为我本科的专业是历史，所以我这个学摄影的显得不那么"专业"，我的一些创作可能就不是为了拍摄照片，而是为了某种思考。所以我在接触摄影大概一两年后就放弃了一些直接的、碎片式的、散文式的摄影。我很喜欢摄影，摄影也很适合我的表达。

H: 能否从你的作品和你对艺术的理解出发，谈谈当下我们是否还应该强调摄影的"纯粹性"?

W: 这要看你对摄影的"纯粹性"是如何定义的，如果按你说的停留在照片本身，拍摄好看的或者有趣味的照片，那你想听"官方"回答还是私人回答?

首先是"官方"回答：摄影作为个人的思考和情绪表达，我尊重每个人的选择。摄影本就该丰富，没有应该或者不应该。正是多元的表达，才让摄影更加有趣。但我认为摄影的未来还是在立体和多元。

从私人情感上讲：第一，世界上的好照片太多了，我看腻了。第二，获取一张或者一系列有趣味、有隐喻或者好看的照片，并不难。通过一些小技巧，比如错位、放大细节、抓取局部、蒙太奇等手法就可以获得一些传统意义上的"好照片"，更不用说通过一些简单或者复杂的置景，制造一些看起来陌生或者有趣的照片。如果你就是喜欢这样的创作或者方式，无可厚非，我觉得也很好，个人喜好和情感很重要。一些成熟艺术家或者摄影师已经形成了自己的创作风格和创作方式，继续强调摄影的纯粹性，没有问题，我还期待他们能做到极致。只是对于我来讲，我会希望做更多的尝试，注重照片以外的事，有意义的或者无意义的。我在这里不是否定摄影画面语言，只是觉得除了画面语言以外，当代摄影可以多一些"思考"。

"官方"回答和私人情感不代表真诚或者虚伪，只是站在不同的角度，是理性和情感间不同的回应。

总的来说，抛开一切，摄影和艺术还是一件很私人的事情，多看多了解一些，选择自己喜欢的，忠于自己内心的情感就好。

备注1：苏菲·卡尔，1953年10月9日生于巴黎，装置和观念艺术家、摄影师、作家、导演等，是法国当代最重要的艺术家之一。父亲是一名肿瘤科医生，也是一位艺术品收藏家，与很多艺术家来往密切。苏菲从小耳濡目染，走上了艺术之路。

今天你会不会来·2016

2015年的某一天，我遇见一位陌生老奶奶。
她满头白发，身着玫红色夹克，戴着墨镜，站在那里，像一个少女。
“请让我给您拍张照片。”
她答应了，我们口头约好某天某处见，双方并不留下即时联络方式。
这意味着，当我们各自转头，迈步走，一方失约，便可能再不相遇。
让人没有安全感的约定，一切的浪漫与残酷，从这里开始。
我在生活中即兴向不同身份的人发出“几天后见”的约会邀请。
双方在没有“即时”甚至任何联系方式的情况下，达成口头约定。
我也向自己，发出了约会邀请。
我以这种方式，满足自己的好奇心——
个体的身份与精神性，人与人之间的情感联系，自我的审视。
不同的人有不同的故事，从他们当中，我看到了对比的乐趣。

我在约好的时间地点等待。
今天，你会不会来？

金奶奶

2015.10.18　BFA　医生金奶奶

昨天，是学校65周年校庆，BFA热闹依旧。

我在通往金字塔的路上，看到一个老奶奶——白发，玫红夹克，墨镜，站在绿树旁，等人。

我掠过她，又折返回来。

“请让我为您拍张照片。”

她一愣，随即笑了。

“我家是医生世家，妈妈曾是宋美龄的私人保健医生。这在以前，是不敢说的。”

“那就按您说的，下周四，两点半，清华西门见。”

“约好时间，我就去那等你，我们上海人，最讲契约精神的。”

和一个陌生人约会，还是在没有联系方式的情况下，隔好几天。

要是她没去，我不是白跑了？要是去错地方呢？有事失约呢？又没法联系……

这太不靠谱了，太没有安全感了。

可是，好刺激，我喜欢。

2015.10.20　Bridge café　清华的意大利女博士

我和朋友在Bridge café。
越过朋友肩膀，我看见一个低头认真写东西的外国女人。
她很漂亮，披着一身大花朵。
她是法国人？
我暗自揣测。
后来，又来了一个外国女人，也许是她朋友。
她收拾东西看样子要走。
我疾步上前。
"Excuse me, may I take a photo of you？"
"yes."
我简短告诉她我的想法，她点头。
匆匆告别。
我没有她任何联系方式，甚至连她叫什么都不知道。
她会不会来？
我很忐忑。

清华读哲学的意大利女生

2015.10.22　Bridge café　9:00

整晚都没有睡好，醒了许多次，生怕自己睡过头，闹钟又不响。

我提前十分钟到了咖啡店，然而，她已经在那里了。

我很欣喜，一人要了一杯咖啡，聊起来。

她的中文很好，一了解，她竟然是清华大学研究中国宋朝哲学的博士。

"我叫柳都，是由意大利名字音译过来的，我不是法国人，我是意大利人。"

"我以前在欧洲学西方哲学……是的，我研究理学……为什么？我一开始接触的是孔孟哲学，他们是讲究'礼'的，然而，我发现其实有的中国人并不那么讲'礼'，所以，我学习'理'学。"

"我有一个弟弟，他在意大利，夏天来北京的时候，他过马路，坐地铁，都耸着肩膀，大概是因为他没有见过那么多人，他有点害怕。"

"我很想他。"

柳都

大黄蜂

2015.11.5　　东源大厦

天气糟透了。
下午五点的天空，黑压压低沉沉的。
像是一口倒扣着的锅。

我往家里走。
在东源大厦附近，突然眼前一亮。
大黄蜂！

高个儿，黄色头盔，黄色衣服，从混沌中间出来。
像是刚刚参加完一场战斗，凯旋而归。
像一个英雄。
“嘿，先生，你看起来好酷。”

2015.10.24　故宫　被困的“宫女”

我和好朋友去故宫，走到一个地方，我停了下来。
在这儿，人们可以穿上仿制的清朝衣服，坐在“龙椅”上。
一大堆21世纪的假格格、假皇后、假皇帝。
服装部旁边，是一个栅栏围起来的小空间。
大片蓝色。
一个小姑娘站在里面，仰着头，时不时动动两只胳膊。
像蝴蝶一样。

她的头顶是一架小DV。DV上方，是一块屏幕。
屏幕里，她翱翔在故宫上方。
自由。
现实中，她困在一片蓝色里。
束缚。

故宫女孩

2015.11.2　后海荷花牌坊　15:00

距我们第一次见面，已经十天了。
等了一个小时，她没有出现。

世界，蓝了。

荷花牌坊

后海女生

2015.11.6　　后海　　9:00

今天下雪了，我很开心。
她没有来，我有点遗憾。
也许是天气不好，出门不便吧。
雪后的后海，真美！
后海，真是约会必被放鸽子之地。
我和Eva等人后来去了雁栖湖。
好喜欢下大雪啊！

后海的水

后海的雪

X I E GUIXIANG

谢桂香

1989年生于福建
2015年参加TOP20 中国当代摄影新锐展
2016年参加浙江美术馆“浙江省视觉艺术青年人才培养‘新峰计划’作品展”
2017年参加金杜艺术中心“环中——自然追随抽象”群展
2017年参加Cipa画廊“浙江新摄影：无尽的勘探和命名”展

相机这个工具的意义在于将光折射的影像进行呈现。我们一直在研究怎么拍、拍什么，当这个工具在成像这个行为里失去存在意义的时候，怎么拍、拍什么这个问题也会一并消失。将成像的主动权交给自然，这是一场生命和时间的对弈。

——黎光波

L: 黎光波
X: 谢桂香

L: 你主要从事什么方面的工作?
X: 创作方面。

L: 那你是从哪里毕业的?
X: 中国美术学院。

L: 我发现你的很多作品都是运用传统手工影像的方式进行创作的。《49天》这组作品用的蓝晒法，对吧? 上面有一些蚕的卵。
X: 是的，《49天》呈现的是从蚕卵孵化到最后化蛾的整个过程。

L: 就是从卵到蚕，最后化蛹成蛾，然后又变为卵这样的一个生命轮回，当时你怎么想到用蓝晒法来创作这组作品?
X: 其实也是一种巧合，我之前也在做蓝晒方面的东西。因为小时候养过蚕，那段时间突然想养蚕，最开始只是养着玩儿而已，没想过要做作品，养的过程中才想到做这样一组作品。

L: 这组作品一共做了多长的周期?
X: 因为一只蚕的生命周期差不多四十几天到五十天，作品差不多需要两个周期，总共三个多月。

L: 这是2015年大学毕业的创作作品吗?
X: 对，是毕业设计。

L: 平时你喜欢下围棋?
X: 平时我喜欢下象棋，围棋也会下一点点，玩儿得要相对少一点。

L: 那为什么没有以象棋作为一个拍摄蓝本，反倒选择的是围棋?
X: 因为那段时间刚好在学围棋，而且平时一直就在做创作，包括平时的一些生活得失、生活冲突之类的。

L: 你的意思是说，生活中的对立关系你想通过这种方式去表达，当时正好你又在学习围棋，所以就以围棋作为了创作蓝本。你这组东西不是“拍的”，对吧?
X: 对，是下棋下出来的。

L: 把显影液与定影液冻成围棋棋子，以相纸为棋盘，显影液为黑子，定影液为白子，就像下完一盘棋后的影像?
X: 对，因为显影液在曝光的相纸上是黑色的，定影液是白色的，刚好就联想到了这个。

L: 这组作品的八张照片之间有没有什么关系?
X: 其实没什么关系，我就做了这样一个实验，觉得做了八张差不多数量就够了。

L: 你能大概介绍一下作品《出土》吗?
X: 《出土》和作品《遗物》有关系，《遗物》是在我外婆去世后，我把她留下的遗物放在经过防火处理的相纸上烧掉后所呈现的影像，然后才有了《出土》这个作品。

L: 当时是怎么想到拍摄这样一种概念的?
X: 可能正值我外婆去世的时间，平时也比较喜欢研究一些能量方面的事物，我觉得也是实验性的一种尝试。当时我也不知道能不能出影像，就实验性地做了，最后发现能出影像，然后就接着往下做。

L: 这组作品是自然成像?
X: 能量成像（自己起的名称），光也是一种能量。物质在腐败消逝的过程中所释放的能量，我们的肉眼无法看见，就像紫外线，但是相纸却能感知到。这个作品分为三个部分：“种子”、“果实”、“鱼”，寓意生命的三个部分，种子是起点，果实是中间的那个阶段，鱼是生命最后的那个阶段。

L: 可不可以详细地说一下拍摄过程?
X: 就是把种子、果实和鱼放在相纸上，然后埋起来，过了差不多三四个月之后再把它挖出来，在显影液里显影所呈现的影像，整个过程没有可见光。

L: 就把拍摄的主动权交给了大自然。
X: 是的。

L: 照片里面显示的东西，比如说鱼，是不同时间节点的不同成像，还是不同的几条鱼?
X: 是时间节点差不多的不同的鱼。很多东西都是潜意识里面影响到的，它并不是为了创作，比如说，我并不是因为我外婆的去世而创作，而是做完创作后才发现是因为我外婆的去世所受到的影响。

L: 那你现在主要是以实验性传统影像的实验再创作这样的方式在进行创作吗?
X: 我也没有固定的创作方式，我会找到比较适合自己的方法来做，刚好是这方面的。

L: 《对弈》和《出土》这两组作品和所谓的“拍”这个行为也没有太大的关系。
X: 但是我的行为跟我的作品有很大的关系，包括《出土》，包括《对弈》，这些作品跟我个人的行为也有关系，我的行为在我的作品中表达出来。

L: “拍”和“不拍”是两种创作行为，你觉得相对于传统的拍照行为，《出土》和《对弈》的拍照行为让你最有兴趣的点是什么?
X: 我觉得没有区别，我现在找到的适合表达的方式，都是没有什么好跟不好之分。现在我所做的这几个系列都没有用到相机。我也有用过相机创作，但是创作出来的东西我并不喜欢，可能是我还没找到适合的题材吧。我只是一直在做自己所擅长的方面。

L: 是不是觉得这种创作的未知性和无限可能性其实就是吸引你的地方?
X: 对。

L: 大自然的无限可能性其实就是你的相机，相机和你的关系已经转变成了大自然和你的关系。是不是大自然在这种行为下已经替代了相机在你身上存在的这种身份?
X: 对。

49天·2015

《49天》利用了蓝晒法的曝光特性和附着性，用49天把蚕从卵到蛾的整个生长过程感光于蚕吐的平丝茧上，方寸之间死生一世。丝尽蚕亡，丝是蚕前世生命的遗留，蛾是重生和变形。在作品中，凋零的肉身铺成一片模模糊糊的影子。卵是未来生命的象征，但在画面中，新的生命已经离开，只留下一个空壳，结在前两重生命的遗留之上。三重生命在49天中走完一个过程，叠成一个画面，生死一瞬间。

49天 1
尺寸：42×57cm
材质：蚕丝&蓝晒
独版

49天 1
尺寸：42×57cm
材质：蚕丝&蓝晒
独版

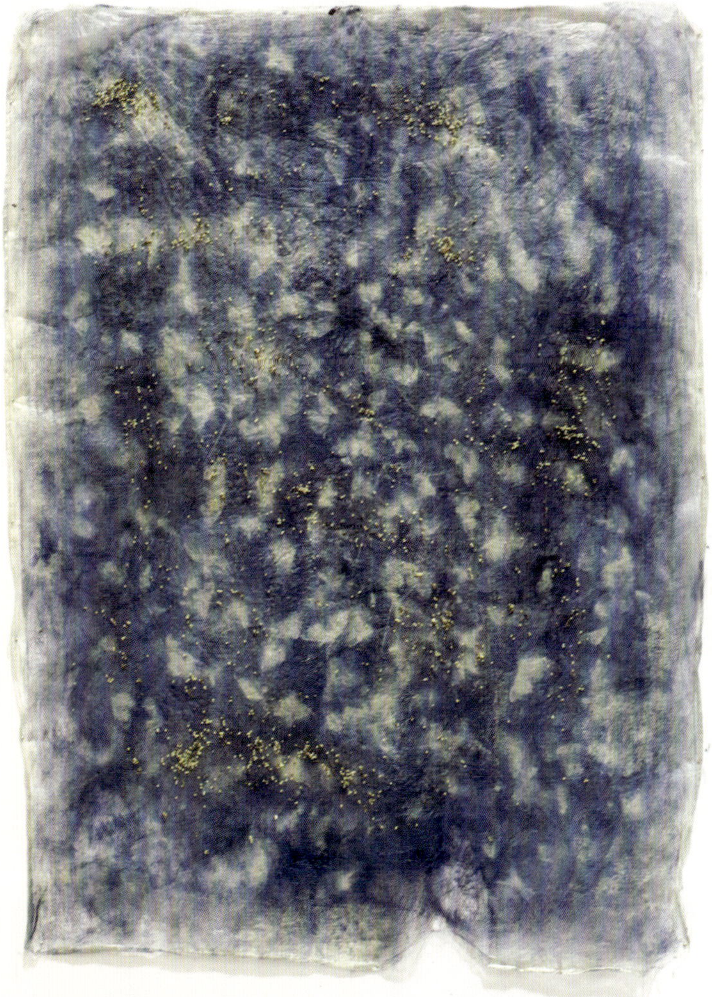

49天 1
尺寸：42×57cm
材质：蚕丝&蓝晒
独版

49天 6
尺寸：42×57cm
材质：蚕丝&蓝晒
独版

遗物·2016

《遗物》是去世外婆的遗物直接放在感光相纸上烧掉后所呈现的影像。烧遗物的行为是我们对于去世的亲人的一种寄托，影像记录下了物品由我们的世界到另外一个世界的过程，而火则是一个桥梁。

遗物 2
尺寸：26×30cm
材质：银盐相纸
独版

遗物 1
尺寸：26×30cm
材质：银盐相纸
独版

遗物 3
尺寸：51×62cm
材质：银盐相纸
独版

遗物 4
尺寸：26×30cm
材质：银盐相纸
独版

出土 ·2016

《出土》是把种子、果实和鱼直接放在感光相纸上埋入土里，三个月后挖出来显影所成的影像。作品以土地为相机，时间为药剂，指涉了一个历史悠久的信仰。为什么人们觉得入土为安？因为人们信奉生命来源于自然，又归化于自然，消逝并不意味着彻底消亡，而意味着能量的转换，轮回和重生，生生不息。

出土—种子—1
尺寸：51×62cm
材质：银盐相纸
独版

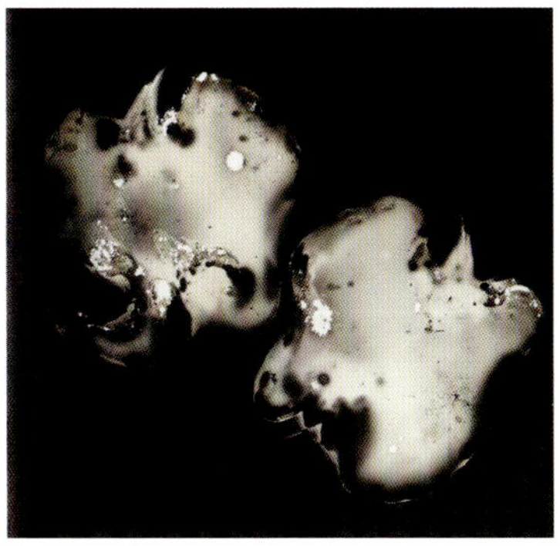

出土—果实—2
尺寸：14×14cm
材质：银盐相纸
独版

出土—种子—4
尺寸：51×62cm
材质：银盐相纸
独版

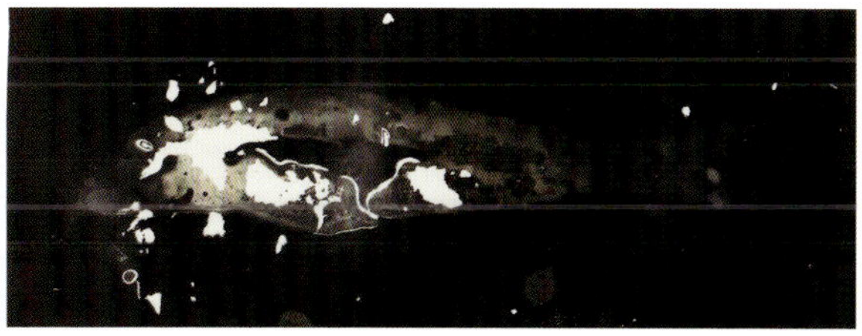

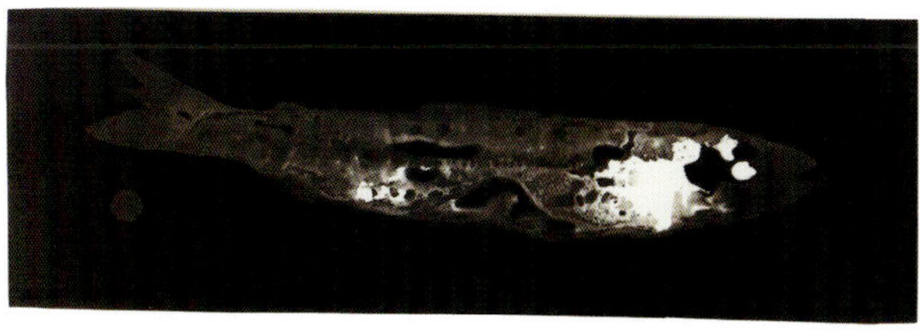

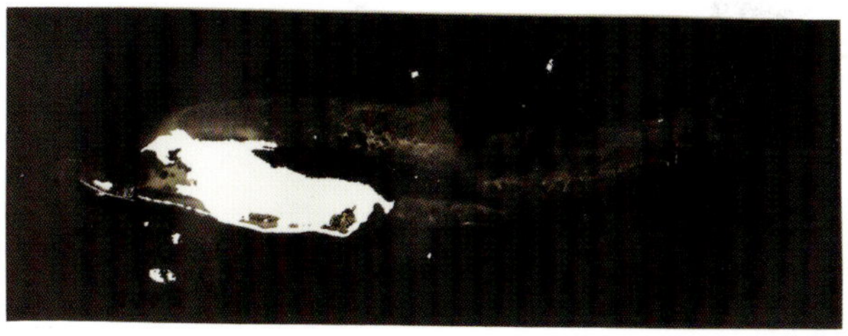

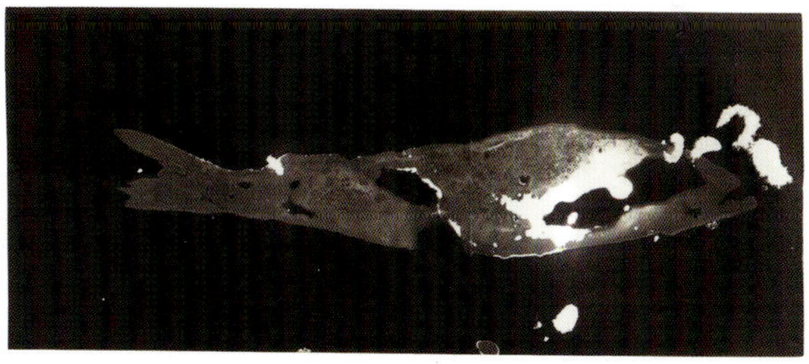

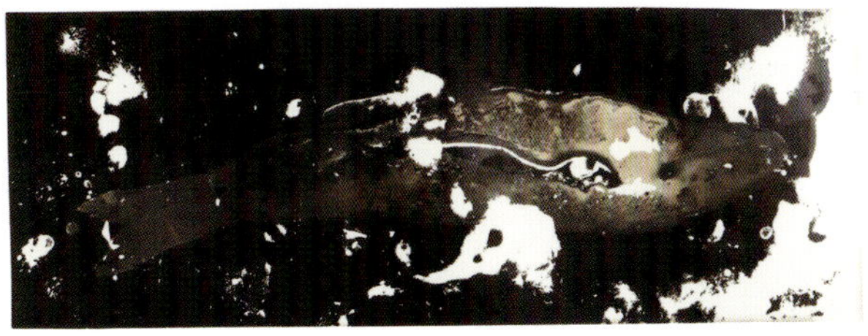

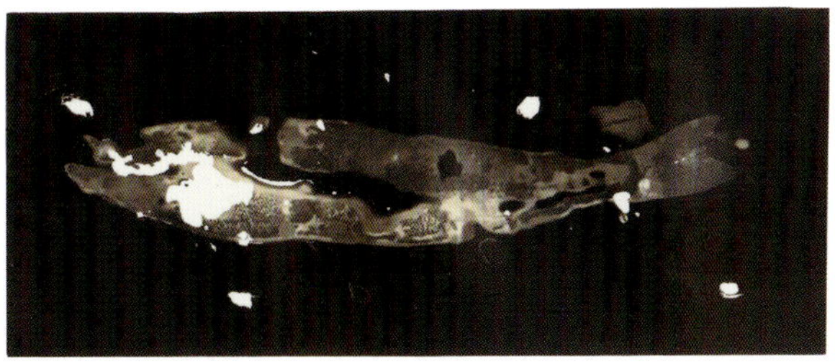

出土—鱼—5
尺寸：23×54cm
材质：银盐相纸
独版

对弈·2016

《对弈》是把显影液与定影液冻成围棋棋子，以相纸为棋盘，显影液为黑子，定影液为白子，下完一盘棋后的影像。

对弈 1
尺寸：51×62cm
材质：银盐相纸
独版

对弈 2
尺寸：51×62cm
材质：银盐相纸
独版

对弈 3
尺寸：51×62cm
材质：银盐相纸
独版

对弈 8
尺寸：51×6[illegible]cm
材质：银盐相纸
独版

Z H U
DANYANG

朱丹阳

1995年生于北京
现就读于中国传媒大学南广学院

摄影的未来会怎样？很多艺术家都在为这个问题提供答案，朱丹阳也一样，用毕业作品虚晃了一枪。视频和图片的结合并不新鲜，但像这样的小短片却不得不让人很快地沉入进去，节奏、画面，各司其职，甚至超常发挥。我们看到的不仅是一个光怪陆离的世界，也是艺术家内心的压抑和波动。好的作品是提出问题，作为一名摄影专业的应届毕业生，朱丹阳又前进了一大步。

——何青

H: 何青
Z: 朱丹阳

H: 你是怎么接触到摄影的？大学为什么会选择摄影专业？
Z: 最早接触摄影应该是在小学，有一次参加区艺术节比赛，报了摄影，本来想的就是重在参与，但最后得了一个二等奖，可能这是个起因。上初中时又参加了一回摄影比赛，得了三等奖。其实最重要的是在高中，我们高中录取时就有一个艺术班，我当时进了这个艺术班，以后就是奔着艺考去的，当时我就选择了摄影。大学之前其实一直都学的是一些皮毛，在选择大学的时候其实还是受文化课影响，最后选择了南广，到现在我对我的选择都不后悔。在南广很好，不断地实践，不断地观看，对我摄影观念的转变起着决定性作用。

H: 摄影观念的转变是怎样的？
Z: 说实话，最开始我都是把自己定位在老法师行列。到大三时学校组织我们去平遥看展，逐渐的，不管是在北京，还是在南京，我都会关注展讯，每个展都有新鲜的东西影响着我。大四时也去了平遥，这次是去参加院校展。到后来孙晓璐老师的策展课也给了我很大的启发，我开始注重观看的问题。有时候我有了一个拍摄的创意，可能最先想到的不是具体怎么拍，而是最终在展厅里是怎么呈现的。

H: 这个好像也是2016年平遥展学术展的主题，从观看到呈现。
Z: 对。其实最早看展没有注意这些问题，就看了表面，到最后通过老师的课，慢慢注意到，输出材质、装裱方式、展现方式都对作品的观看有影响。我觉得一张照片如果只存在硬盘里，而不考虑最后的呈现，是不完整的。

H: 所以你的作品《我的世界》也运用了静态图片和动态gif、视频相结合的方式。为什么这样做？你想要表达什么？
Z: 作品本是想探讨孤独和自由，我不想赋予照片孤独感或是自由感，我想让观看者自己定义。到后来加白噪。有人觉得白噪很吵，很烦，也有研究表明白噪声有助于睡眠等。我就想可能我现在的水平不足以让单单一张照片就能引起大家辩证的思考，我可以通过加白噪来引导或者辅助大家来观看。

视频在gif的基础上，加了声音和剪辑。因为我觉得观看其实并不只是眼睛能接受信息。之前在平遥看范顺赞的展，他介绍说，为了让大家更好地观看，除了现场的布置，还在展厅里喷了特殊味道的香水。

H: 我看到这些白噪有的是环境，比如街边广告牌、斑马线，有的是路人，包括他们的衣服。这些白噪有什么含义吗？它们之间有何联系？

Z: 其实就是我创作每张照片时的想法，比如广告牌(见图片部分注1)，是因为路中间的女人一身名牌，我还把她的LV围巾logo做成了白噪，然后就想到了把周围的商标广告片都做上。又比如斑马线，我感觉斑马线是一种符号，代表了秩序。还有一张地铁里的女生，我把白噪做在了她裙子的格子上，像男生脑海里的青春期。

H: 所以白噪其实是打乱并消解了常规的秩序？
Z: 其实是先有的每张照片，后来再加的白噪，前期拍摄时白噪的概念还没出现。每张照片上我加白噪的地方可能是出于我想到的感觉，但每个人的理解应该是不一样的。就秩序来说，秩序是束缚了我们还是保护了我们，每个人的理解也不一样。

我的目的是想让大家更多地关注观看的重要性。现在大多数人都省略了思考这一步，给他什么他就接受什么，这种状态很麻木。

H: 所以白噪其实是一种刺点？
Z: 刺激大家思考，应该是这样的。就像我前面说的，我自认为现在我的单单一张照片还没达到让人思考的能力，但我的想法比较多。

H: 我想到了英国电视剧《黑镜》某一集里有个人被社会屏蔽了，他看到的所有人都是空白的，有点像这个白噪。
Z: 选择白噪作为素材也是因为这个东西离我很近，我是一名业余无线电爱好者，在我进行通联活动时，没信号的时候听到的都是白噪。

H: 所以这种白噪也有突然与这个世界失联的这种孤独感？
Z: 对，总结得很到位，我还没有想出来一句话概括。它在我的脑海里是一种感觉，还没转化成文字。哈哈。

H: 视频剪辑是怎样构思的？
Z: 视频剪辑的构思没有很复杂，前面部分就是把所有照片做一个展现，后面就用关键帧，突出白噪的部分。用了后摇做背景音乐，有氛围，但是没有具象的歌词干扰。

H: 最后那个九宫格的镜头给我感觉有点像监视器，大家都活在监视之下，比如《楚门的世界》，刚好你的作品也叫《我的世界》。
Z: 对，其实起名“我的世界”，这个“我”可能是我，也可能是你，也可能是他。这个作品12幅照片里不都是以人为主体，还有一张是鸽子，所以主体不一定是人，它也可以带给我们感觉。

H: 感觉它很迷失，与周围的环境格格不入。
Z: 对，周围有很多脚。

H: 你有受过森山大道或深濑昌久(备注1)的影响吗？
Z: 这种黑白高对比的风格，是有点森山大道的感觉。因为拍摄设备就是GR，用的是它自带的高对比黑白。GR很小，拿起来很方便，我平时出门基本都会背着它。

H: 那你和森山大道的不同之处在于什么呢？
Z: 他更大胆些吧。我在拍的时候可能还是受性格影响，不太敢见什么拍什么。有时候碰到一个我想拍下来的场景，但最后又纠结了半天。

H: 不好意思拍吗？
Z: 对，不想打扰到被拍摄者。其实我的导师也从我的照片里看出这一点了，从作品中也能映射出来我的性格。

H: 哈哈，比较内向、害羞。
Z: 是，但我不知道是不是应该保持这种风格。

H: 之后有什么创作计划吗？
Z: 目前来说有个点子，但是现在处于即将毕业和找工作的状态，所以还不能确定是否实施。

H: 大家毕业了都干什么？做摄影的多吗？
Z: 我感觉不多，有的去了报社、电视台，有的自己创业。我还在看机会，之前有过很多次实习，但其实都不是我想干的，说到现实问题就很无奈。

我之前的实习工作都是做后期剪辑、摄影助理什么的。但其实我想做与艺术相关的，对策展比较感兴趣。

备注1：深濑昌久，日本著名摄影师，1934年2月25日出生于日本北海道。因家族世代经营照相馆，从小与摄影结缘。20世纪70年代，深濑昌久与细江英公、森山大道等人一同设立了workshop摄影学校，并成为日本战后摄影的重要人物。其代表作包括《游戏》、《洋子》、《鸦》、《父亲的记忆》、《家族》等。

在当今社会，我们的思想太容易被各种条条框框所束缚，有时候你是没感觉的，后来反应过来却悔不当初。这里我想创作的是一个引导思想自由的艺术作品。其实任何艺术都会涉及观看的问题，包括我们的日常生活，每个人的观看方式都不一样，所以我们彼此的世界观也不尽相同。每个人都有拥有不同观点的权力，也就有了现在这样多元化的世界。

给每张照片加上动态的白噪声音图像，从而对观看者的观看方式产生了主观的影响，也加强了我想表达的孤独与自由两个观点的不同论证。白噪图像，包括它的声音，其实已经成了一种符号化的东西，使人们看到后会立刻有一种感觉，是烦躁还是安静，是寂寞还是自由，这也正是我的拍摄想要探讨的问题。在这里我更想强调的是自己的世界，而不是我说它表现的是孤独它就是孤独的，最终情感上的决策者其实是观者自己。白噪的出现似乎是无规律的，但其实是有规律的，我不能去左右观者是怎么想的，但可以让他们想得更多。照片也不再单单是静态的呈现，一种交互的引人深思的观看方式更有助于摄影师的表达。

影像截图

（注1）

影像截图

影像截图

1992年生于重庆
实验性摄影师
影像策展人
“自然生长”85后中国摄影师摄影计划负责人
《情绪记录馆》创始人
获得第16届中国平遥国际摄影大展“中国新人培养奖”

做更多有趣的事情

文 / 黎光波

感谢参与这本书制作和给这本书提过建议的每一位朋友和前辈，感谢一直支持我们的崔波老师，感谢何博、何青、春熙利用休息时间和我一起采访这50名摄影创作者，感谢这几个月一直在围着这本书转的王大可、王位、石丹、罗建，以及翻开这本书的你们。

在本书筹备期间，发生了很多有趣和让人感动的事情，比如杨文彬连夜撰写数千字文章以表达对摄影的期待和对当下的焦虑。因为某些原因，这些文字无法在书中呈现出来，在此我深表歉意。

杨文彬这篇文章的标题是《反正我们还有许多犯错的时间》，这是因为我们年轻、涉事不深、初出茅庐。无论怎么形容，这就是当下的我们，有很多时间让我们去犯错，去探索出一条属于我们的摄影之路。这正是想通过这本书让大家看到的东西。

在我采访这23位摄影创作者的过程中，我一直在模糊身份这个符号，无数次用强调身份来试探当下的生存现状，因为这是我一直想要弄清楚的一件事情。有趣的是，在采访过程中，我慢慢发现这个问题根本没有提问的必要，并且感受到了无限的可能性，以及慢慢消灭了身为创作者在当下的孤独感。

所以，一些所谓必须要有的东西在这一刻变得并没那么重要，如释重负。我们只需要等待一切事物自然地出现，然后自然地发出无数个未知的声音。

自然生长，让一切自然发生。

做更多有趣的事情。

1989年生于四川德阳
北京电影学院图片摄影理论及创作方向艺术学硕士
现工作、生活于北京
获第16届中国平遥国际摄影大展“艺术观念类优秀摄影师”
入围2017年第9届三影堂摄影奖

各取所需，自在而为

文 / 何博

首先要感谢（排名不分前后）陈海舒、春熙、董宇翔、何琰、季芮民、刘陈宇、沈孝怡、吴郑鸥、杨尚杰、杨文彬、曾瑞。

我其实挺庆幸自己有两种状态：一是作为采访者，一是作为创作者。就前者而言，由于我本身的工作是杂志编辑，因此做访谈其实没有太多障碍，反倒觉得挺有趣的。因为访谈的对象都是同龄人，其中大多数人都比较熟悉，所以这些访谈也给了我一个认真观看和思考他们作品的理由。另一方面，由于自己也在创作，所以能够将自己代入创作者的角色中，在设计问题时就会考虑回答的可能性。

我采访的这11位艺术创作者的作品风格各异，我回避了他们“摄影师”的身份，因为这种标签对于他们中的大多数人来说都太狭窄了。他们不同程度、不同方式地将摄影作为自己的创作工具，而这种工具对于作品的意义可能体现在“过程”中，也可以作为“结果”，甚至对摄影本身的思考和探讨构成了他们一部分人创作的主体，某种程度上来说正是当下摄影发展面貌的缩影。当下人们对待摄影的态度决然脱离了非黑即白的二元论，摄影的这种不透明性及人们对它的认可成了人们以不同方式与摄影的当下性发生关联的坚实基础，这些关联涉及摄影术发明至今人们对其进行的丰富多样的实验，对其作为“证据”真实性的思考，对摄影合法性的争论（即与艺术的关系，当下更多的体现为当代摄影与艺术批评之间的关系），对摄影在权力构建、维护、争夺等方面作用的研究，以及图像与观者之间的关系等层面。我所采访的这些创作者的实践，实际上确认了我对于当下摄影艺术发展诸多可能中的一种偏好：感性的艺术冲动不是他们的创作动机，与之相反的是以各种适合的媒介作为解码工具，或是调研式的或是观察式的，最终落实为艺术作品的实践。他们在浸入创作的过程中尽可能地实现摄影所能达到的最佳效果。摄影不值得膜拜，但它理应得到最为全面和深刻的理解。

既然是自然生长，必定会有各种各样的生命状态，阳光、水、养分，各取所需，挺好。

1994年生于湖北武汉
武汉传媒学院摄影系教师
参展2016年中国平遥国际摄影大展
及青年策展人培养计划

摄影之后

文 / 何青

这几天学校征订新学期教材，以往我习惯用顾铮写的《世界摄影史》当教学教材，因为这是一本不错的书，但这次我却犹豫许久。2017年，摄影该如何入门？教技术吧，手机无疑最方便，业余快照的艺术展已不是新事；教艺术吧，介于各种媒介跨学科的融合，摄影只是其中一部分；讲传统吧，言必提及布列松、亚当斯的年代早已过去。那么，论当代呢？何谓当代？

管中窥豹，从学院派说起。2012年，我所在的摄影系扩招至两个班，80人，往年都只有一个班。教师大多毕业于北京电影学院，教的是纪实和器材方面的内容，我没有什么兴趣。那时候觉得刘铮的作品才是艺术。年轻人刚奔向自由，是没有那种温情的乡愁的，他们又对“大师”们嗤之以鼻，很容易沉迷于观念的游戏。与此同时，摄影系继续扩招，教师转型为海归策展人、当代艺术博士。新风气是与海外艺术院校接轨，举办大师讲座。我的毕业作品是将录像、图片、文字与光效结合，其他同学也想着法子将图像扩展到装置方面，非主流貌似成为主流，好玩、有趣才是被认可的主题。

话题回到《自然生长》，我采访了8个人，他们大都科班出身，热爱思辨，充满感情。这又让我想到一个问题：摄影是不是可教的？艺术作品不仅仅要好看，还要能提出和解决问题。相比于其他的艺术形式，摄影是件愉快的事，它容易让人沉浸于视觉享受而少了思考与沉淀。对此，这些年轻摄影师们也保持了警惕，他们不排斥枯燥的理论，信步于社科文哲之间，交谈与分享，保持独立。和老一辈的摄影家不同，85后的他们可以说是年少成名，学历高、家境好。人们常说苦难成就艺术，年轻人的苦难已不再是贫穷，而是精神的瓶颈。创作模式化、小资情调消费、媚俗社会景观，风火的问题与冷清的灵气都在自然生长，而正是他们克服问题的努力使艺术成为艺术。

这是我第一次采访别人，提问和回答在匆忙中进行，对我来说比较大的收获是敢于与他人主动谈话，虽然每次采访前都会有一些社交恐惧，有些提问回头看觉得幼稚，但这也正好让我发现了自己的知识缺陷。木心先生讲：“文学是可爱的，生活是好玩的，艺术是要有所牺牲的。”总而言之，未经审视的生活是不值得过的。

要感谢参与者和观众，感谢组织。年轻人蓄势待发，终将改变潮水的方向。

1992年生于山西长治
现生活、工作于西安

“古代信仰的废墟”

文 / 春熙

就此次采访的摄影师和作品而言，有新的题材、技法、形式，我觉得更重要的是新的理念。如今新的技术和媒介真的在重塑我们的伦理和价值观，计算机和网络技术的出现对图像时代的视觉文化影响深远。采用媒介技术美学和文化社会学相结合的方法提出的后图像时代的概念，自20世纪五六十年代以来，艺术在文化社会学视野中的讨论越来越被人们接受。

摄影的概念也更加宽泛，越来越多的摄影师从其他学科及艺术门类吸取营养。同时，相机这个“蠢机器”已不能给摄影更多。此次采访中，印象最深的是摄影师们的创作理念。

毋庸置疑，图像能给予我们虚拟体验。侯帅用摄影作伪证，构架了一个“第二世界”——乌托邦的“理想国”。侯帅的创作，像是对身后“废墟”的怀旧。

《惊蛰》的灵感来源于童年的浪漫想象和东北老工业基地的生活经验。孟繁羽生在有“共和国长子”、“东方小巴黎”之称的哈尔滨，成长在东北工业衰落的90年代。摄影师把即将被拆除的工业“废墟”拍下来，按照“十”字结构把这些部件组接在一起，形成了一个系统的昆虫图景。也许我们不能体会国有企业工人的自豪感和集体生活的充实，但一定能理解改革开放后的社会变迁给上一代人带来的思考和奋进。孟繁羽的创作指向未来，生物图谱像是科技未来的寓言。他“把当代人的生存要素从扭曲、喧嚣的复杂现实中解放出来”，并将之幻化成为生物。同时他通过建模、3D打印将蛰伏的虫子变成现实，他是站在未来俯视当下的“废墟”。就像他说的：“摄影作为工具，是一种时代精神的征兆。”

摄影早已不是“像机器般精确对外部事物的记忆”。摄影师崔钊用摄影的方式观察“建筑之上”的天空；粟钰用摄影探讨婚姻的意义；王翰林把城市当作“博物馆”，用摄影收集文物；李恒樑用照片细心收集日常；田帅把摄影当作个人情绪的出口，构建了属于自己的“负世界”。所有的创作实践都将摄影作为思考和创新的媒介，不仅是内容和形式的创新，更是创作理念的“新”。

80、90后们的“自然生长”，是互联网和屏幕时代对经典摄影“废墟”的怀旧，也指向未来。

关于“自然生长”的三个关键词

这是和一群85后年轻人关于摄影的一次有趣味的私聊，以个案访谈和作品为主线围绕着85后、(以自己经历为拍摄动机的)私聊、(和不希望被拔苗助长的)自然生长这三个关键词展开。

关键词：85后

2016年9月在中国平遥国际摄影大展紧张布展的过程中，我认识了这个来自重庆的年轻摄影师，一个既阳光又随和且很真诚的小伙子，他叫黎光波。当时他凭借一组《情绪记录馆》的照片打动了我。据说黎光波在此前用了三年多的时间拍摄了8000多个人，其中有他自己的朋友，但更多的是陌生人。“让人回归于真实，让摄影回归于真实”，这是黎光波对影像的理解。拍摄《情绪记录馆》期间，有人在他的镜头前放声痛哭，有人无声流泪，有人深沉，有人无奈，有人搞怪……每张面孔下都藏着各自的心事，这如同一颗石子投入假装平静的湖面，被摄者的心湖在那一瞬间暗流涌动。心声一旦袒露，被摄者睽违已久的自我检视和内省随之构建完成。意料之中的一幕出现：冰冷的机器此刻成了最忠实的记录者，也成了不会说话的聆听者；执掌机器的摄影师前一秒对被摄者而言还是一个陌生人，这一刻却成了最值得信任的朋友。黎光波似乎很享受在这场漫长的摄影实验中收获的一切。

2017年春节前后，我和黎光波在北京聊天，我们计划以“百名85后中国摄影师”为题材举办一个大型展览，看看这些85后的青年摄影人如何用影像洞察时代、记录生活、管窥人性。我们将展览名字定为“自然生长—百名85后中国摄影师个案剖析”，于是也就有了出版这本书的想法。

关键词：私聊

这些85后年轻摄影人大都有着良好的视觉教育背景，虽在创作理念与手法上有所不同，但他们对于创作的探索态度却高度一致。之前在我们和一些年轻艺术家的聊天过程中，也会出现很多彼此思维不在一个频道上、无法求同存异的尴尬场面。但这并不重要，重要的是在计划做这本书的时候我们采取了一个巧妙的方式：让85后摄影人相互采访。其实我们真实的目的是希望在没有代沟的前提下，在没有任何心理距离或心理隔阂的前提下，把这些85后年轻摄影人的思想方法、价值观念、生活态度、影像表达方式展现出来。

王一山通过拍摄影像来修复父母之间疏离的关系；何博虚构了一场隔空的信件与他的父辈对话；王翰林想在新的城市里找回印象中家乡的影子；胡兆玮自己搭建了一些场景，他用影像告诉我们：战争、人口和环境危机会造成人类灭亡，世界局势比我们想象的更为紧张；吴郑鸥并没有在摄影本体层面作过多的强调，而是对创作过程和结果的可变性着迷……

个人的影像口述，也是一个时代的真实。在不损害这些85后摄影人意愿的前提下，我们也保留了很多年轻人口语化的叙述，也许不一定很通顺，但逻辑一定是清晰的，希望大家能理解。每一个躁动的故事和每一幅细腻的作品都在访谈中被我们铭记。这些摄影师们毫无修饰与纠结，外表看起来简单且明快，他们的作品既没有添加象征性的主旨，也没有苦思冥想的设计，他们自然而然地把这些故事和作品表达出来。

梵·高说过：“每个人的心里都有一团火，路过的人只看到烟。”我要感谢每一位采访者和受访者之间的访谈，让我看到了作品的背后还有很多这个时代值得触摸和探寻的东西存在。

关键词：自然生长

“自然生长”作为一个摄影项目，总能让人联想到一系列诸如“延续”、“交替”、“循环”等连接自然生命的相关概念。同样，艺术层面的“生长”也应该成为一种多元化的实践命题。这些85后年轻摄影师通过对创作观念、作品形式、媒介选择、处理方式等的探索来表现“生长”与“自然生命”最直观的联系。通过这种表达，年轻摄影师不仅可以获得个体身份化的认同，还能引起观者对当下生活和自然的重新思考。“我已经野蛮生长了25年，艺术家就应该野生野长，保持着对事物的独立体验和思考。”对自然命题的追问也成为黎光波等人艺术创作的重要视角。

他们不愿意被拔苗助长，想按照自己的意愿自然生长；他们不想做太多计划，也不愿给自己过早定位，因为他们知道自己还在成长、在探索，还有很多未知的潜质和创作空间。从旁观到发现，再到融入与表达，他们在各自的作品中完成他们对于城市、对于自然、对于生命、对于生长的影像理解。就让他们放开手脚自然生长吧！

最后，再次感谢百位85后年轻摄影师的慷慨合作，特别感谢这本书的采访者何博、何青、黎光波、春熙四位得力大将，是他们在短短的三个月里完成了几十万字的采访计划。感谢中国美术学院副院长高士明教授的无私帮助，高院长以他学者和策展人的身份为百位年轻摄影师的书稿欣然作序。感谢中国摄影出版社赵迎新社长和高扬总编辑，是他们的慧眼和宽容让这本书得以出版；出版社策划部郑丽君主任更是为这本书做了大量细致、有效的沟通工作，编辑盛夏、丁雪、马三对本书的审校和编辑提出了很多宝贵的意见。

在这本书的采访和编辑过程中，还得到了高初、孙晓璐、卢华华、宋文焰、周军等众多朋友的帮助，在此一并感谢。

一条线摆在面前，它可以是一根草茎、一座山、一片海，也可以是整个世界。希望这本书提供给读者的不仅是年轻摄影师的作品，还有他们的实验精神，宣示一种可行的、别样的解读方式。

崔波

2017年7月于卢沟桥

图书在版编目（CIP）数据

自然生长：百名85后中国摄影师个案剖析. 第一卷 / 崔波，黎光波编著. -- 北京：中国摄影出版社，2017.9
ISBN 978-7-5179-0653-7

Ⅰ. ①自… Ⅱ. ①崔… ②黎… Ⅲ. ①摄影师－访问记－中国②摄影集－中国－现代 Ⅳ. ①K825.72②J421

中国版本图书馆CIP数据核字(2017)第227956号

自然生长：百名85后中国摄影师个案剖析.第一卷

主　　编：崔　波　黎光波
出 品 人：赵迎新
策划编辑：郑丽君
责任编辑：盛　夏
装帧设计：石　丹
出　　版：中国摄影出版社
　　　　　地址：北京市东城区东四十二条48号　邮编：100007
　　　　　发行部：010-65136125　65280977
　　　　　网址：www.cpph.com
　　　　　邮箱：distribution@cpph.com
印　　刷：北京地大彩印有限公司
开　　本：12
印　　张：33.5
版　　次：2017年10月第 1 版
印　　次：2017年10月第 1 次印刷
ISBN 978-7-5179-0653-7
定　　价：298.00